シェブロン法理の考察

辻 雄一郎

日本評論社

はじめに
法理、ルールそしてスタンダード

　本著のタイトルは『シェブロン法理の研究』であるが、ここでいう「法理」とは、シェブロン判決から導き出される解釈手法という意味合いで用いている。判決のなかで生み出される「法理」は常に判例の集積のなかで妥当性を審査される。それぞれの判決で示される解釈手法は、その場限りの裁判官の創作物にすぎないかもしれない。

　「法理」は裁判官の理由づけの体系であり、裁判官のなかには、法解釈にあたり法文言そのものを重視する立場もあれば、法の文言にある規範性を重視する立場もある。法文言の背後にある規範性は特定の価値観であり、その価値観は法解釈にあたり、裁判官自らを縛りつけようとするかもしれない。シェブロン判決が登場した当時に生まれた「シェブロン法理」は、わが国では2段階審査手法として紹介され、検討されてきた。現在、そのシェブロン法理が揺らいでいる。

　たとえば、スカリアは、先例は「ルール」であり、裁判所にはっきりした命令を示しているはずだ、と考えてきた。ルールは、明確な境界を設定することで、予測可能性を確保する。ルールを適用する際に必要とされる客観性を確保するにあたり、憲法上の価値に関する争いが生じるかもしれない。そして、先例をルールとして要求すると将来の法解釈を拘束することもあろう。

　他方、「スタンダード」はルールよりも厳格ではなく、柔軟性を重視する[1]。

---

1 Kathleen Sullivan, *Foreword: The Justices of Rules and Standards*, 106 Harv. L. Rev. 22（1992）.

先例をスタンダードとして理解することで、法的安定性はそのぶん低下するという意見もあるかもしれない。しかし、法的安定性こそが個別具体的事案における柔軟性を要請するかもしれない。スタンダードが要請する柔軟性には、裁判官の恣意的な解釈の濫用が懸念されるかもしれない。

　いずれにせよ、合衆国最高裁が、本著で検討するすべての判例について、恣意的な解釈を濫用し、客観性を無視したままに事案を判断しているとは考えにくい。司法府が先例との類似性を探し、それを示すことで、議会は立法に対する指針を得ることができる。

　本著では、法文言を重視する立場、目的を重視する立場を並べながら、30年以上前のシェブロン判決のなかで示された解釈手法を整理して検討していく。先例を解釈して、その限界を探る姿勢のなかで生まれる「法理」は、必ずしも整然としたものではない。法の文言をルールではなく、法理（原理、principle）と理解するほうが優れている場合もある。

　本著では、現在、シェブロン判決の生み出した2段階審査が「法理」として生き残っていけるかどうか、あるいは姿を変えて、変容しているかどうかを検討する。

シェブロン法理の考察……目次

はじめに：法理、ルールそしてスタンダード　　i

第1章　シェブロン判決とは ……………………………………………… 1

1　事案の概要　　2
2　シェブロン判決で2段階審査以外に述べられていたこと　　3

第2章　規則制定権とシェブロン法理 …………………………………… 9

1　1944年スキッドモア判決から2001年ミード判決へ　　10
　　事案の概要／11　　判決の概要と解釈手法／11
2　行政手続法の用意する規則制定手続　　13
3　553条の例外の3種：解釈規則に関する考察　　14
　　a　一般的な政策表明／18
　　b　行政組織、手続、実践に関する規則／19
4　ハイブリッド型規則制定手続　　22
　　a　国家環境政策法（NEPA）／22
5　対審型規則制定手続　　23
6　告知とコメントを通じた規則制定手続553(b)条　　24
7　1997年アウア対ロビンズ判決　　26
　　事案の概要／26　　判決の概要と解釈手法／27
8　2001年ミード判決　　30
　　事案の概要／31　　判決の概要と解釈手法／31
9　2013年デッカー対NRDC判決　　37
　　事案の概要／38　　判決の概要と解釈手法／39
10　2015年ペレズ判決　　43
　　事案の概要／43　　判決の概要と解釈手法／44

第3章 レーンキストからロバーツにおける ステップ0の運用 ……………………………… 49

1 2000年タバコ判決　50
事案の概要／50　　判決の概要と解釈手法／50

2 2015年キング対バーウェル判決　51
事案の概要／52　　判決の概要と解釈手法／53

第4章 ステップ1の運用 …………………………………………………………… 57

1 ステップ1の検討：2016年 FERC 判決　57
事案の概要／57　　判決の概要と解釈手法／60

2 2001年 ATA 判決　63
事案の概要／63　　判決の概要と解釈手法／64

3 2007年マサチューセッツ判決　68
事案の概要／68　　判決の概要と解釈手法／70

4 2014年スキャラバ判決　73
事案の概要／74　　判決の概要と解釈手法／75

5 2018年ウィスコンシン判決
：ストックオプション行使に対する課税についての判断　78
事案の概要／79　　判決の概要／79

6 2018年ペレイラ判決：不法滞在者の滞在継続期間に関する判断　81
事案の概要／81　　判決の概要／82

第5章 ステップ2の運用 …………………………………………………………… 85

1 2001年 SWANCC 判決　85
事案の概要／86　　判決の概要と解釈手法／86

2 2006年ラポノス判決　88
事案の概要／88　　判決の概要と解釈手法／89

3 2007年ワイルドライフ判決　91
事案の概要／92　　判決の概要と解釈手法／93

4　2009年エンタージ判決　　95
　　　　事案の概要／96　　判決の概要と解釈手法／97
　　5　2014年 UARG 判決　　100
　　　　事案の概要／101　　判決の概要と解釈手法／104
　　　　a　「いかなる発生源」を支持、大気汚染物質の文言解釈を限定する／108
　　　　b　UARG 個別意見／108
　　6　2014年 EME ホーマー判決　　112
　　　　事案の概要／113　　判決の概要と解釈手法／113
　　7　2015年ミシガン対 EPA 判決　　118
　　　　事案の概要／118　　判決の概要と解釈手法／119
　　　　a　シェブロン法理に加わったステートファームの法理／121
　　　　b　2009年エンタージ判決との関係／122
　　　　c　2015年ミシガン判決反対意見の解釈手法／124
　　　　d　2014年 UARG 判決との関係／126

第6章　テクスチャリズムの沿革 ……………………………………… 129

　　1　テクスチャリズムとはなにか　　129
　　2　シェブロン判決に対するテクスチャリストの不満
　　　　：トーマスの矛盾　　132

第7章　ロバーツ・コートの最近の判例と ……………………………… 137
　　　　テクスチャリズムとの矛盾

　　1　ステップ0：シェブロン2段階審査の発動する前提　　139
　　2　ステップ1の事案　　143
　　3　ステップ2の事案　　145

第8章　シェブロンの4段階の解釈手法 ………………………………… 149

　　1　シェブロン4段階テスト
　　　　：シェブロン法理の示す「専門性」と民主的正統性　　149
　　2　学説の動向：専門性と民主的基盤　　152

3　原告適格、裁判管轄そして本案審理　156
　　4　ペレズ判決とアウア判決の行方：規則制定手続と司法審査　160
　　5　ロバーツの立場：裁判管轄　163

第9章　ロバーツ・コートのシェブロン判決の……………………………… 167
　　　　運用の背景について
　　1　大統領と連邦議会の対立そして州議会　167
　　2　大統領の下にある行政機関とOIRAとの関係　168
　　　　a　規制緩和と規則制定手続と費用便益分析／172
　　　　b　気候変動と各省庁の取組み／175
　　　　c　行政規則の制定手続とトランプ大統領の関与／176
　　3　2018年ハワイ判決：渡航制限（Travel ban）についての判断　179
　　　　事案の概要／179　　判決の概要／180
　　4　トランプ政権の温暖化政策の動向とその効果　183
　　5　法制定の負担と圧力団体　189
　　6　ケネディの退官とカバノー　191
　　7　合衆国最高裁の裁判官の法解釈理論と学説　193
　　8　ミシガン判決と学説の分析
　　　　（ファーバー、サンスティン、カールソン）　197
　　9　スコット・プルーイットの透明性の提案　201
　　10　わが国への示唆：行政機関の規制の実際と司法府の立ち位置　203
　　11　わが国への示唆：専門性という口実と判決という呪縛　207

　　おわりに　209

　　　　業績一覧・参考文献／213
　　　　謝辞／215

第1章　シェブロン判決とは

　シェブロン判決[1]から30年以上が経過した。その間、バーガーからレーンキスト、ロバーツと合衆国最高裁の首席裁判官が交代し、裁判所の構成も大きく変容した。近年、シェブロン判決を引用したいくつかの判例がロバーツ・コートで登場してきている。シェブロン判決の示した法理が判決当時に予想していなかったであろう事象を前に、現在、シェブロン法理は、どのように展開しているだろうか。いくつかの主要な判決を軸に、それらが引用する若干の判例を加えながら、最近のロバーツ・コートにおけるシェブロン法理までの物語を編もうと試みる。

　ロバーツ・コートのシェブロン法理を適用した事案を考察する前に、なによりもまず1984年シェブロン判決を検討しなければならない。多くの下級裁判所は「シェブロン2段階」審査として用いているが、1984年シェブロン判決は必ずしも2段階（two step）という言葉を用いているわけではない。また、シェブロン法理を考察するにあたって、2段階審査のほかに語られていた点を見逃してはならない。

　シェブロン判決は行政規則が争われた事案である。行政規則[2]とは、行政府が制定する規則をいう。行政規則は、将来にわたり一般的に適用される行政機関の言明（statement）である。

　「法」としての効力を有する点で立法府が制定する法律と似ており、その種

---

[1] *Chevron U.S.A., Inc. v. Natural Resources Defense Council, Inc., 467 U.S. 837 (1984).*
[2] 5 U.S.C. 551(4).

類と定義によって名称や性質が異なる。概して、行政規則は一般的な事件や人に対して適用され、適用される要件を規定している。その効果は、いまだ現実化していない行為にも及ぶ。将来にわたり一般的に適用される行政規則は、大部分が「法や政策を実施し、解釈し、規定するように」設定されている。遡及的な効果を有する行政規則を制定するには、連邦法による明確な授権が必要となる。議会の設定した綱領を実行するために、行政規則の制定権限を、連邦議会が法を通じて、行政機関に授権する場合もある。

　行政規則は立法的な規則と非立法的な規則に大別される。この区別は連邦行政手続法（Administrative Procedure Act: APA）により、規則制定手続が異なることに基づいている。その手続は対審型の規則制定手続を踏む場合、告知とコメントの手続を踏む場合、両者を含むハイブリッド型規則制定に分けられる。行政機関が独立行政機関として複数の構成員からなり、行政規則が多数決で制定される場合、その形式は連邦法とほとんど変わらない。連邦法と同様に、連邦規則は連邦広報に掲載され、表題、章、節が付される。

1　事案の概要

　シェブロン判決で問題となった連邦法は、1977年改正の大気浄化法の規定[3]である。連邦法である大気浄化法に基づき、行政機関は全国大気質基準（National Ambient Air Quality Standards: NAAQS）を設定している。しかし、これを達成できていない州（non-attainment state）が存在する。大気浄化法の規定によれば、まだ基準が未達成のままの州は、「新規ないし修正された主要な固定発生源（new or modified major stationary sources）」に対して許可制度を設定して大気質基準を遵守するように要請される。この「主要な固定発生源」の中身を連邦議会は（後述する経緯により）明らかにしなかった。

　本件で問題となる行政規則[4]は、同一の産業施設の排出設備を「ひとつのバ

---

[3]　42 U.S.C. 7502(b)(6).
[4]　40 C.F.R. 51.18(j)(1).

ブル (single bubble)」概念として包摂させる行政規則である。この行政規則によれば、既存の事業施設が複数の汚染発生施設を備えている場合、事業施設全体としての排出量が増加さえしなければ、事業施設内のひとつの設備が許可条件を満たしていない場合であっても、許される。

　許可制度が適用される「主要な固定発生源」を連邦議会が明確にしなかったのだから、連邦法の「主要な固定発生源」の文言とバブル概念を採用した行政規則は矛盾するという考え方も可能である[5]。1980年のカーター政権はバブル概念を支持していなかった。1981年に、レーガン政権下の行政機関がバブル概念についての行政規則を制定した。

2　シェブロン判決で2段階審査以外に述べられていたこと

　合衆国最高裁は、行政機関の法解釈（バブル概念についての行政規則）を有効と判断した。スティーブンズが法廷意見を執筆して、すべての裁判官が同調した。マーシャル、レーンキスト、オコナーは判決に参加していない。

　裁判所が行政機関の議会制定法解釈を審理する際、二つの問題が浮上する。

　最初に、議会が争点となる問題に正確に言及しているかどうか。

　議会の意思が明確であれば、問題ない。議会の明らかな意思を裁判所は反映する。

　次に、議会の意思が直接、争点となる問題に正確に言及していない場合は、行政機関の法解釈が合理的であるかどうかを検討する。合理的な判断であれば、裁判所は行政機関の法解釈を尊重する。

　判決中の上記部分がとくに2段階審査として下級裁で強調されている。さらに判決文が述べているいくつかの点にも注目しておきたい。以下はそれぞれが独立しているのではなく、有機的に結びつく。

　第一に、シェブロン判決スティーブンズ法廷意見は次のように続けてい

---

[5]　*Natural Resources Defense Council v. Gorsuch, 685 F.2d 718 (1982)*（原審の判断）.

る。

　連邦議会は行政機関を創設する。行政機関は政策を形成し、文言に残された曖昧性を埋める。議会が法文言に曖昧性を明示的に残した場合、その曖昧性を行政機関が埋める権限を連邦議会が特定の法文言で委任している。議会制定法に照らして恣意的であったり不合理であったり、矛盾したりしていないかぎり、行政規則による規制は重要な意味を有している。特定の争点について行政機関に対する連邦議会の委任は、明示されておらず暗示されている場合もある。そのような場合、司法府は行政機関の合理的な判断と司法府自らの法文言の解釈とを置き換えることはできない[6]。議会制定法の解釈権限を行政機関に授権した場合には、司法府は行政機関の法文言の合理的な解釈を支持しなければならない。

　シェブロン判決スティーブンズ法廷意見は、行政機関の規則制定権の根拠を、大統領ではなくむしろ連邦議会に位置づけているようにもみえる。この点は、第9章で問題になる。

　第二に、シェブロン判決法廷意見によれば、大気浄化法の特定の規定の「source（発生源）」の文言を行政機関である環境保護庁（Environmental Protection Agency: 以下、EPA）が行政規則を通じて定義した。1977年修正の大気浄化法は、大気中の汚染物質の減少が経済的成長と調和するよう要請した。この二つの目的を調和させるように行政機関が行政規則を通じて規制することが求められた。大気浄化法には経済成長と汚染物質の減少という（当時では）一見すると矛盾する政策が存在している。シェブロン判決スティーブンズ法廷意見によれば、複数の政策のどれを選択するかは、司法府よりも行政機関のほうが優れて判断できる。

　シェブロン判決スティーブンズ法廷意見は、法文言よりも、1950～1960年代の大気汚染に関する連邦議会の取組み、1977年の大気浄化法の立法史（立法経緯）を根拠にして、本法のなかに矛盾する二つの政策を導き出した。法の意味を探れば、法のなかに矛盾する政策を調和させなければならない場合がある。特定の状況で議会制定法の考えた政策の効力を把握するには、規制

---

[6] *Chevron*, at 844. *Morton v. Ruiz*, 415 U.S. 199, 231 (1974).

に服する問題についての知識が必要になる。議会の制定した法を行政機関が吟味して、矛盾する政策を合理的に調整していれば、それが議会の制定した法や立法史から連邦議会が禁止していないものであれば、裁判所はそれを尊重する。

第9章で検討するが、オバマ政権は、グリーンニューディール政策の名のもと、気候変動対策により経済成長を促す方針を打ち出していたが、シェブロン判決当時、経済成長と大気汚染対策とは対立すると考えられていた。

スティーブンズ法廷意見は必ずしも法文言だけに固執してはおらず、立法史を根拠に行政機関の法解釈を尊重した。第6章でテクスチャリストとシェブロンについて検討するが、スカリア裁判官は法文言に注目してシェブロン判決を長らく支持してきたが、シェブロン判決の当時にはスカリアは最高裁にはいなかった。スカリアの立場に比べれば、スティーブンズはシェブロン判決で法文言の取扱いに固執していなかった。

第三に、スティーブンズ法廷意見は、ひとつの法律のなかに矛盾する複数の政策が存在することを認めたうえで、そのいずれを選択するかは、行政機関の判断に委ねられる、と考えた。シェブロン判決スティーブンズ法廷意見を、連邦議会と行政機関による「政治部門の政策判断」を裁判所が尊重した事案として理解することもできる。議会が行政機関に規制権限を付与し、当該分野について政策的な判断を委ねた場合、裁判所の役割は、行政機関の判断が、付与された権限の範囲内であること、そして、議会制定法の指示と行政規則とが一致していることを審査するにすぎない。

政策問題について、どうして司法府ではなく行政機関の判断を優先させるのか。いくつかの根拠が語られている。シェブロン判決スティーブンズ法廷意見によれば、司法府よりも行政機関のほうが有権者に近い。行政機関のほうが新しい情報、経済的、社会的変化に応じて解釈を容易に修正しやすい。議会制定法よりも行政規則のほうが迅速に対応できる。そして、専門的、技術的な知識を行政機関が有している、という。

第四に、シェブロン判決スティーブンズ法廷意見は、1980年代当時の立法権の適正手続に関する議論の流れのなかにみることができる[7]。法制定過程が適正な手続にのっとっているか、そして連邦議会は説明責任を果たしてい

るか、が司法審査の任務であるとして議論されていた[8]。2001年ATA判決[9]でこの争点は浮上する。第6章以降では、テクスチャリストが議会の説明責任を根拠にして自らを正当化しようとする点を検討する。

　大統領が代われば、行政機関の解釈も大きく変化することになる。1981年にカーターからレーガンに政権が交代し、大気浄化法の文言についての行政機関の解釈が変化した。シェブロン判決スティーブンズ法廷意見の考えでは、連邦議会の議論を参照してもバブル概念についての連邦議会の意思は明らかにならず、裁判所が自らの判断を行政機関の判断に代置することはできない。司法府は自ら文言を解釈する際、行政規則の柔軟な対応、行政機関の政策判断と専門的技術性を重視した。

　この点をどのように評価すべきか。

　当然、行政機関（当時のレーガン政権）が専門的技術性ではなく政策判断で解釈を変更したと主張しておいたほうが戦略的に有利な訴訟当事者も存在する。この点は2007年マサチューセッツ判決[10]で浮上する。議会制定法、あるいは大統領の行政機関の監督を通じて政策を変更したかどうかは、司法府の審査基準を左右する可能性がある。

　第五に、行政各部（executive department）は連邦議会の制定法で設置され、授権される。行政機関の長は、上院の助言と承認を経て大統領が任命している。合衆国連邦憲法で「行政各部」と規定され、大統領の指揮監督下に置かれている。EPAは1970年に設立され、環境を保護するための研究、監視、基準設定や執行活動をまとめあげた。ニクソン時代に連邦行政機関としての権限が拡大した。

　第六に、シェブロン判決当初は、シェブロン判決はテクスチャリストと親和性があった。テクスチャリストの定義、位置づけそのものには争いがある

7　*Fullilove v. Klutznick*, 448 U.S. 448, 551, fn 29 (1980). (Stevens, J., dissenting). 連邦議会の判断過程の手続面を司法府は考察しなければならない。スティーブンズによれば、連邦裁判所よりも連邦議会のほうが最初に「意味を探り出す（most searching examination）」ことを、適正手続は要請している。

8　*United Sav. Assn. of Tex. v. Timbers of Inwood Forest Associates, Ltd.*, 484 U.S. 365 (1988).

9　*Whitman v. American Trucking Associations, Inc.*, 531 U.S. 457 (2001).

10　*Massachusetts v. Environmental Protection Agency*, 549 U.S. 497 (2007).

が、ここでは考察の便宜上、テクスチャリストを、立法史や立法資料よりも法の文言を重視する立場としておく。当初、レーンキスト・コートでスカリアは、シェブロン判決の射程を限定することに批判的であった。レーンキスト・コート時代のスカリアの理解では、法の解釈について政治部門から独立した裁判所の判断が要請されている、と理解されていれば、連邦議会は法改正を通じてシェブロン判決を覆していただろうという。スカリアの見解はのちに崩れることになる[11]。連邦議会の意思決定は必ずしも順調には進まず停滞する場合がある。

第七に、合衆国最高裁の構成の変化である。ブレイヤーは、当時は第一連邦巡回区控訴裁判所に属しており、1980年にカーターによって第一連邦巡回区控訴裁判所に、1994年にクリントンによって合衆国最高裁に入る。1984年シェブロン判決の審理に参加していない。スカリアは、1982年にレーガンによって、コロンビア特別地区控訴裁判所に、1986年にレーガンによって合衆国最高裁に参加した。この両者は法解釈で対照的な立場をとる。

そして、ロバーツ・コートがレーンキスト・コートから受け継ぐ重要な争点がシェブロン判決の脚注[12]で触れられている。司法は、法の解釈について最終的な権限を有しており、議会の明らかな意図に反している（contrary to clear congressional intent）行政機関の解釈を破棄しなければならない。伝統的な法解釈の道具を用いて、連邦議会が特定の争点について意図を有していることを裁判所が確認すれば、それこそが法であり、効力が認められなければな

11　スカリアはこの1980年代当時、シェブロン判決を高く評価している。法の文言と他の規定から意味がたやすく明らかになれば、シェブロン法理が発動する確率は低くなる。シェブロンステップ1で、行政機関の判断を尊重する前に、法の曖昧性の存在を認定する。シェブロン判決が妥当するのは、あくまで法文言の可能な解釈を用いて議会の望んだ最善の政策が促進される場合である。行政機関の法解釈を不合理であると判断することもないだろう。法の理性（reason、合理性）が変化すれば、法も変化する（Ratio est legis anima; mutata legis ratione mutatur et lex）。いくつかの解釈が法の理性又は目的に一致しない結果を生むかぎりにおいて、裁判官は特定の解釈を採用する。また、スカリアは、複数の政策のいずれかを選択する権限を立法府や執行府に一義的に任せていながらも、伝統的な法解釈には政策判断が含まれているとも述べている。Antonin Scalia, *Judicial Deference to Administrative Interpretations of Law*, 1989 Duke L. J. 511, 515, 521 (1989).

12　*Chevron*, at 843. n. 9.

らない。法文言が曖昧であり、連邦議会の意思を確定できない場合、行政機関の法解釈をあまりにたやすく尊重してばかりいると、司法権の法解釈権限を行政機関が侵奪していないか、が問題になる。

最後に、スティーブンズ法廷意見で述べられるシェブロン法理は、必ずしも2段階審査だけではなく、法の制定過程、政権交代に伴う解釈の変更、規則制定権限の根拠、行政機関の専門性などを含めて示されていた。2段階審査だけでシェブロン法理を語ることはできない。以上の点をふまえて、レーンキスト・コート時代、ロバーツ・コート時代の主要な判決を通じて検討していく。

第2章 規則制定権とシェブロン法理

　行政手続法に従い、大部分の行政規則は「法や政策を実施し、解釈し、規定するように」設定されている。シェブロン判決でのカーター、レーガンの政権交代でみたように、政権交代が起こると行政規則を通じた法解釈の変更が予想される。法的効力を有する行政規則が政権交代で変更されることは、被規制者に大きな影響を与える可能性がある。

　レーンキスト・コート時代に行政規則を尊重する方向で運用されたシェブロン法理は、1984年判決当初から、議会の意思をどのように明らかにするのか、行政機関の判断の合理性をどのように司法審査するのか、について争いがあった。

　シェブロン判決によれば、行政機関の規則制定権限は議会によって授権される。行政規則には連邦法と同じく法的効力を有する行政規則と、法的効力を有しない行政規則に分類される。法的効果を有しない行政規則は、特定の問題における政策の表明あるいは議会制定法や規則の意味についての行政規則の見解である。これらも「行政規則」に該当する。

　法的効果を有する行政規則を制定するには、議会制定法で明確に行政機関に規則制定する権限を授権しなければならない。これらの権限は行政機関それ自体に先天的に内在するものではなく、合衆国連邦憲法の立法権を根拠に連邦議会が行政機関に権限を委任しなければならない。他方、法的効果を有しない行政規則は、議会制定法の授権を必要としない。行政機関は自由に法解釈や政策を表明することができる。これらの表明は、法的効果を有しない。法的効果を有しない規則と法的効果を有する規則の区別は、行政機関だ

けでなく一般の人々にとっても重要である。その効果が異なるため、制定手続も異なっている。この手続は、一見すると非常によく似ており、法的効果を有する行政規則を制定する権限を与えられた行政機関が非・立法的な行政規則を制定する場合もある。そのため、その区別が難しい場合もある。

特定の問題における政策の表明あるいは議会制定法や規則の意味についての行政規則の見解については、解釈規則553(b)(3)(A)条が規律している。

行政手続法556条、557条は、適正手続の要請から裁判所類似の対審型の規則制定手続を規定している。しかし、この手続はあまり用いられていない。対審型同様、行政手続法553条の告知とコメント手続を踏む規則制定手続にも法的効力が認められる。行政機関は、一般的に対審型でなく告知とコメント手続を踏んだ規則制定を用いている。

告知とコメントの規則制定手続を踏む場合も時間、手間、負担がかかるために、行政機関は告知とコメント手続を経ないで規則を制定しようとする誘惑が生じる。告知とコメント手続を踏まないで行政規則が変更される場合、規則に関係する利害関係人の利益が損なわれるのではないか、という争点が存在する。この点を、2015年ペレズ判決が検討している。

また、2001年ミード判決はシェブロン法理の適用範囲を限定した。シェブロン法理の運用を検討しようとするには、レーンキスト時代のミード判決を、そして、1944年のスキッドモア判決を考察する必要に迫られる。そして、2001年ミード判決で限定されたシェブロン法理はロバーツ・コートでどのように利用されているか、をさらに検討していくことにしたい。

説明の便宜上、それぞれの判例で登場する行政庁を「行政機関」として統一する。ただし、複数の行政機関がひとつの事案に登場する場合は、たとえば「内国歳入庁（Internal Revenue Service: 以下、IRS）」のように表記する。判決の考察にあたって、適宜、行政手続法の規定も検討していく。

1　1944年スキッドモア判決から2001年ミード判決へ

行政規則の法的効力の有無で裁判所の尊重の程度は変わるのか、につい

て、1944年スキッドモア判決、1997年アウア判決、そして2001年ミード判決までの行政手続法上の規則制定と一緒に検討していく。

1944年スキッドモア判決[1]は、争点が事実問題か法律問題か、が問題になった事案であり、法的効力を有しない行政機関の判断も尊重される、とした。

事案の概要

スィフトカンパニー包装工場では、通常業務に加えて、消防設備の維持など火災業務に従事する業務があった。通常業務以外の火災時に揚水機を操作したり、救援活動に従事したりしていた。本業務の担当者は所内あるいは近辺に週3～4日当直しなければならない。当直時の業務は火災通報に対する対応であった。火災通報がなければ当然、消火、救援業務はないことになる。この火災通報を待つ時間に超過勤務手当が支払われるべきかどうか、が問題となった。

本件で問題となった連邦法である1938年公正労働基準法の規定[2]では、勤務時間から待機時間を除外するかどうか必ずしも明らかではなかった。合衆国労働省の労働賃金並びに時間部の行政官（Administrator）は、勤務時間を柔軟に算定する指針を示していた。

火災通報に応答するまで待機している時間は「単なる事実問題」であるという解釈も可能であり、あるいは「法律問題」と解釈して、連邦法上の「超過勤務手当の支払われる業務」に該当する、という判断も可能である。

判決の概要と解釈手法

ジャクソンが法廷意見を執筆し、ロバーツ、ブラック、リード、フランクファーター、ダグラス、マーフィ、ジャクソン、ラトリッジが同調した。法律問題と判断した原審を破棄して差し戻した。

ジャクソン法廷意見によれば、当直時の待機時間という特定の事案が連邦法の規定に該当するかどうかは事実問題であり、事実審の審理すべき事柄で

1　*Skidmore v. Swift & Co., 323 U.S. 134 (1944)*.
2　Fair Labor Standards Act of 1938 (FSLA), 29 U.S.C. 207.

ある。法律問題と判断した原審は破棄される。

　勤務時間から火災通報の待機時間を排除すべきではなく、待機時間から睡眠と食事時間を除いた時間が勤務時間であり、これは事実問題として、当事者間の協定と周辺の状況下で定められる。

　本件の行政官は対審型の手続をとらず、聴聞の機会は存在しなかった。行政官は証拠に基づき、事実認定に基づき法の結論を導いたわけではない。いわゆる非公式の規則（informal ruling）である。

　公正労働基準法についての合衆国労働省の労働賃金並びに時間部の規則、解釈、意見は、裁判所の判断を拘束しない。行政機関の権限が存在したからといって行政機関の法解釈が裁判所の結論を必ずしも左右するわけではない。裁判所は行政機関の規則、解釈、意見を尊重しない場合もある。けれども、専門的技術性を有し、問題に精通した行政機関の判断が裁判所並びに訴訟当事者に対する適切な指針になるかもしれない。原審は、行政官の公報（Administrator's bulletin）に触れているけれども、法律問題と認定した点は誤りであり、その点を破棄し差し戻す。

　この判決はどのような意味を有しているのか。以下、考察に移る。

　第一に、行政機関の判断を司法府が尊重する根拠を述べている。行政機関の理由づけに司法府はどれだけ納得するのか。司法府は問題となる法律がどれだけ複雑か、行政機関の専門性の程度は高いか、行政機関の見解に首尾一貫性があるか、そして、争点に対する慎重な考察を行っているか、を判断する。これらの要素のどれを裁判所が重視するのかは、必ずしも明らかではない。

　第二に、1944年スキッドモア判決は、当直時の待機時間に超過勤務手当が支払われるべきかどうか、という法的効力を有しない行政機関の判断を司法府が尊重する余地を認めた。その際に触れられた点は、行政規則の制定がどのような手続を踏んでいたか、法律問題についての行政機関の判断は司法府の判断を拘束しないか、であった。少なくとも、また行政規則制定の議論が現在よりも詳細ではなかった当時の背景も考慮に入れておく必要がある。

　最後に、シェブロン法理は解釈規則には作動しない、という主張もある[3]。この点について、巡回裁判所レベルで争いがある。ここでは、1944年スキッ

ドモア判決と次に検討する2001年ミード判決は、規則制定手続の点からシェブロン判決の尊重の程度をある程度限定したと評価しておく。解釈規則は、行政手続法の規則制定の要件を潜脱する点を次に検討していく。

2 行政手続法の用意する規則制定手続

　行政手続法上、556条、557条が利用される対審型と、553条で告知とコメント手続を踏む場合がある。後者が一般的な手続として位置づけられている。553条に従い、行政規則を広く公表し、市民のコメントを評価して、最終的に規則になった場合に、規則の根拠や目的の説明に反映される。

　553(a)条は、行政手続法上の規則制定手続が次の二つの適用除外になる場合を示している。第一に、軍事や外交関係に関する規則であり、第二に、人事、公的財産、公債、補助、便益や契約に関する規則である。それでも、この二つの場合は連邦官報に掲載公表する義務がある。

　553(b)条は、告知とコメント手続に二つの例外規定を置いている。

　第一に、解釈規則であり、政策、行政組織、手続、実践に関する一般的な声明である。

　第二に、告知とコメント手続が、実行不可能である、不要である、公衆の利益に反すると判断する十分な理由がある場合である。

　553(c)条は、本項で告知が要求されている場合（after notice required by this section）は、当事者にコメントする機会を行政機関が提供するよう義務づけている。

　この規定には二つの根拠がある。

　第一に、行政規則が一般市民の行動に影響を及ぼすような法的効果を有しない場合である。行政機関内部での正式な公表、特定の問題に関する政策の表明、業務運営の組織のあり方、法や行政規則の解釈方法である。行政機関

3　Robert Anthony, *Which Agency Interpretations Should Bind Citizens and Courts?*, 7 Yale J. On Reg. 1 (1990).

の思考方法をあらかじめ公表することで、手続的な障害を排除しておくのは一般市民の利益に適う。

問題は、553(b)条で告知とコメント手続が免除され、法的効果を伴わない行政機関の一般的な声明が、司法府の尊重と結びつく場合である。行政手続それ自体は市民の行動を規律していないけれども、なお重要な影響を及ぼしている場合がある。コメントは広く市民の見解が規則に反映される趣旨を有している。市民の側からみれば、もし行政機関が規則制定権を行使しないのであれば、それを法廷で訴えていくことになる。

第二に、規則制定手続に一般市民の参加が必要でない十分な理由が存在する場合、告知とコメント手続を省いたとしても問題ない。問題は、規則制定の公的参加が実行不可能であるか、不要であるか、公衆の利益に反するか、をどのように判断するか、である。

そして、行政機関は553条の行政手続を回避したい動因が存在する。553条は、時間と人的資源の負担が重いためである。行政機関は553(b)条という例外規定に該当するのだ、と主張する傾向がある。行政機関の示した解釈規則と立法規則の区別は、司法裁判所でそのまま受け止められるとは限らない。

3　553条の例外の3種
解釈規則に関する考察

553条は三つの適用除外を挙げている。

第一に、553(b)(3)(A)条の解釈規則である。法や行政規則を解釈する規則を指す。たとえば、指針、構成員のマニュアル、メモや助言などである。立法規則は法を解釈し、法的効果を伴う規則を制定するのだから、告知とコメント手続を踏まなければならない。法を行政規則が解釈しているという事実は、それ自体、解釈規則であるかどうかを決定しない。行政機関は、法的効果を伴う法を創設する意図があれば「立法規則」となり、告知とコメント手続は必要になる。他方、連邦法の文言の意味を明らかにするのであれば、被規制者と行政機関に対する指針となり、「解釈規則」として告知とコメント手続は免除される。立法規則であれば違反者が登場することになる。解釈規則

であれば、法解釈の単なる声明であって、解釈規則の違反者は登場しない。ただし、もし行政機関の法解釈が正しいとされる場合、解釈規則の違反者はたしかに登場しないが、解釈規則の背後にある連邦法の違反者として登場する可能性はある。この例は、この区別が裁判所で争われる重要な争点であることを示しており、合衆国最高裁はこの区別を明確にはしてこなかった。

1978年バーモント判決[4]以前、解釈規則と立法規則の区別は、「規制される共同体に対する実質的な影響」を基準に判断されていた。共同体に対する影響が存在すれば、告知とコメント手続が必要である。しかし、553条の「解釈規則」に該当するかどうか、は鮮明ではなかった。仮に553条の告知とコメント手続が不要な場合であっても、コモンローの問題として当該規則の法的効果を鑑みて告知とコメント手続を求める場合もあった。1978年バーモント判決以前は、手続の遵守を高く評価して、行政手続法以上の要件を追加することに裁判所は好意的であった。

1978年バーモント判決は、合衆国連邦憲法、議会制定法の明文の例外が存在しないかぎり、裁判所は行政手続法を超えて追加的な要件を設定することはできない、と判断した。連邦議会が制定した行政手続法は、行政手続に関するコモンローに優越することになった。バーモント判決は、実質的な影響が存在しなければ解釈規則に該当し、存在すれば解釈規則には該当しない、という基準を示した。行政機関は告知とコメント手続を通さずに解釈規則を制定する場合、法的効果は伴わない。たしかに解釈規則には法的効果は伴わないが事実上、被規制者に対して重要な影響が存在していることもある。バーモント判決は被規制者に対する「実質的な影響」が存在すれば、解釈規則には該当しない、と示した。

1978年バーモント判決の「実質的な影響と解釈基準」による解釈規則の区別は現在では採用されていない。現在では、解釈規則の「法的効果（force of law）」あるいは「法的拘束力（legally binding）」で判断している。問題となる行政規則が行政機関外部の市民に法的拘束力を有する場合、権利を設定した

4　*Vermont Yankee Nuclear Power Corp. v. NRDC, 435 U.S. 519 (1978)*（核廃棄物の処理に関する争い）。

り、義務を課したり、既存の法的関係に変更を加えたりする場合は立法規則であり、解釈規則ではない。

　この基準の問題点は、法的効力があるかどうか、を述べたにすぎないため、もし問題となる規則を行政機関が裁判所で擁護しようとする場合、当該規則は解釈規則だ、法的効力は有しない、と行政機関は主張していくことになる。司法府は法的効力の有無を判断する際に、いくつかの要素を参考にして判断している。行政規則が法的効力を有しないという意図が示されていれば、その言明は裁判所の判断の際の考慮要素となる。

　市民に特定の義務を課し、あるいは便益を与える資格を設定するように行政機関に命じる議会制定法は、法的義務や資格を設定する立法規則を制定する権限が行政機関に委任されていると擬制することができる。

　議会制定法のなかには執行可能な義務を創設したり、授益的な利益を創設したりする場合、行政機関は議会制定法の命令を実行する役割にとどまり、行政規則をあえて制定する必要はない。行政機関が法的拘束力を有する規則を制定するまで、一般市民に対して議会制定法が適用されたり執行されたりすることはない。このような場合、便益の授与や義務の履行を行政機関は執行できるかどうか、で行政規則の法的効力の有無を判断する。

　また、解釈規則の該当性を、法を解釈する伝統的な手法、立法史（経緯）、法解釈の手法、文法上の推測などから行政機関が連邦法の規定の意味を確定する場合を解釈規則と考える立場もある。議会制定法の目的や根底にある趣旨を行政規則が実現しようとしているかどうか、を検討する。この立場では、法解釈の手法を基準に区別するので、特定の法解釈が法の目的を最善に実現する場合もあり、法解釈と政策形成は重なり合う。行政規則が法の目的の実現に資するという結論を導く事実が存在するかどうかを認定する。

　司法府は手続的な違背、たとえば告知とコメント手続欠如を根拠にするよりは実体的な理由で行政規則を違法だと判断することがあるかもしれない。あるいは告知とコメント手続違背を根拠にして手続的違法だと判断し、もし告知とコメント手続を踏んで、首尾一貫性を確保して、修正すれば、有効な立法規則になる可能性がある、と述べるかもしれない。

　行政機関の政策選択を解釈規則であると裁判所が分類する場合、いわゆる

解釈規則を通じて精錬することで、行政機関は重要な政策の選択をしたことを隠すことができる。問題となる解釈規則が過去の長らく確立した明確な解釈規則と矛盾しているかどうか、で判断することも考えられる。問題となる解釈規則が立法規則と矛盾している場合、立法規則を修正するか、新たな立法規則を制定して解釈を変更しなければならない。立法規則には告知とコメント手続が必要だが、解釈規則の変更には告知とコメント手続は不要である。

後述する1997年アウア判決が判断するまで、コロンビア特別地区裁判所は、解釈規則の変更には、行政手続法上、明文はないけれども、告知とコメント手続が必要であると判断してきた。その根拠は、行政機関は統一して矛盾のない、明確な解釈を示さなければならないからだという。また、解釈規則の変更に市民のコメントは必要ないため、過去の解釈に対する関係当事者の信頼も問題となるからである。しかし、このコロンビア特別地区裁判所の判断を、2015年に合衆国最高裁が破棄することになる。

行政機関の規則制定時に、その規則が解釈規則であると公言していたかどうかを一定の考慮要素にすることもある。解釈規則として法的拘束力を欠くと公言した行政機関の意図が反映されているからである。

連邦官報に関する法律（Federal Register Act）は、連邦官報に掲載公表すべき文書を規定している。司法府は、連邦官報に行政機関の法解釈に関する公式声明が掲載されている場合、市民が文書に触れる点を高く評価することができる。この点は、行政機関が解釈規則を変更した場合に問題となる。

実際には、告知とコメント手続を利用できる場合、行政機関はたいてい告知とコメント手続を用いている。最初に告知とコメント手続の存在を意識すると、行政機関は告知とコメント手続の利用が必要であると考え、行政機関が自発的に告知とコメント手続による規則制定の手順を踏むという動機づけになっている。

以上の要素は、下級裁判所の判例の累積のなかで示されており、判断が分かれている[5]。立法規則と行政規則の区分について合衆国最高裁は明確な基準を示すことはできていない。

5　Richard Pierce, *Distinguishing Legislative Rules from Interpretative Rules*, 52 Admin. L. Rev. 547（2000）.

a 一般的な政策表明

　解釈規則同様に、一般的な政策表明は規則であるが、法的拘束力を有しないので、告知とコメント手続を必要としない。一般的な政策表明と立法規則との区別も難しい。行政機関が立法規則を制定する権限を有している場合、実質的には、一般的な政策表明は告知とコメント手続を用いていれば法的効力を有する立法規則になりうる。一般的な政策表明は解釈規則に類似しており、行政機関は口実をつくりたがる。

　行政機関は、将来どのように裁量を行使するのかを宣言する一般的な政策表明が可能である。次の二つの場合に一般的な政策表明が用いられる。第一に、行政機関が調査を行ったり、市民に対して義務履行を求めたりする場合である。第二に、一定の状況で、なんらかの行政決定を行う意図がある場合である。

　行政機関が特定の個人や団体に対して義務の履行を求める意図があっても、一般的な政策表明を利用する場合がある。一般的な政策表明は、義務履行を確保する行政機関、そして、義務の履行を求められる当事者の双方に対して指針を示している。行政機関が義務履行を求める当事者に、一般的な政策表明がなんらかの新たな義務を追加することはない。しかし、被規制者が、自分が規制の対象となる可能性を意識すれば、あらかじめ規制を回避するためのなんらかの行為をとるかもしれないという点で予測可能性を確保している。行政機関は義務履行を求めるための条件が満たされてはじめて行動し、その行動には一貫性が求められる。

　解釈規則と一般的な政策表明は告知とコメント手続を用いる必要がない。告知とコメント手続には時間と資源の負担が伴う。一般的な政策表明は拘束力を有しないが、なお当事者に対して法の遵守を促す役割を有している。行政機関が市民に対して義務履行を求めるかもしれないと当事者が考えるためである。あるいは逆に、ここまでは義務を履行する必要はないと当事者が考える場合もある。

　実際の効果としては、一般的な政策表明は立法規則と同様に、市民の法遵守を促す効果を有している。司法府は立法規則よりも一般的な政策表明について、一般的な政策表明に基づいて将来、行政が決定するまでは、行政機関

を尊重する傾向がある。行政機関からみれば、立法規則よりも一般的な政策表明のほうが使いやすい。告知とコメント手続を用いずに一般的な政策表明を用いて私人の行為を規制しようとすると、告知とコメント手続の時間と手間は、市民の側が負うことになる可能性がある。

司法府は、一般的な政策表明を口実にした行政機関を統制しなければならない。その際の基準は一般的な政策表明が拘束力を有する法的規範を設定しているかどうかであり、解釈規則と立法規則との区別の場合と同様である。一般的な政策表明を用いて将来の事案を判断することはない。一般的な政策表明はあくまで暫定的なもので、終局性を有さず、行政機関は再考する余地を残している。

たとえば、第一に、行政機関が環境保護のための汚染の一定基準を超えた際に市民に義務の履行を求める場合は、一般的な政策表明ではなく立法規則である、と裁判所は判断する。なぜなら一定の基準以下は適法である、と行政機関が判断しているからである。また、暫定的な宣言でなく、終局性を有していると考えられるからである。第二に、一定の強制力に至る場合も同様である。第三に、一般的な政策表明は将来、再考され、新たな一般的な政策表明が出されるまでの暫定的なものである。にもかかわらず、下級行政機関に対して一般的な政策表明を実施させようとする場合、行政機関を縛る法的拘束力が存在すると司法府は認定する。

b 行政組織、手続、実践に関する規則

「行政組織、手続、実践」の行政規則の例外を行政手続法553(b)(3)(A)条は規定している。手続規則とも呼ばれている。手続規則は法的拘束力を有している。

行政機関は、その決定がどこで実施されるかの手続を規定でき、行政手続法に基づく決定のほかは特別法が手続を規定している。

調査や義務履行に関する指針は、手続的規定と分類される。もっとも義務履行に関する指針は行政組織内部の規則として分類されるかもしれない。告知とコメント手続を利用しない手続的規則と告知とコメント手続を必要とする実体的規則、立法規則との区別が難しい場合もある。

1987年までは、手続規則と実体規則の区別は、実質的な影響を基準にして区別されてきた。この基準を1987年にコロンビア特別地区裁判所は変更し[6]、行政規則が一定の行為を許可あるいは不許可にしたかどうか、で判断している。下級裁には、これに沿うものもある。

　最後の適用除外553(b)(3)(B)条は、告知とコメント手続が実行不可能である、不要である、公衆の利益に反すると判断する「十分な理由」が存在する場合である。告知とコメント手続を免除する場合は、実体と手続から判断される。実体的な判断として、行政手続法によれば、行政機関は告知とコメント手続を提供しない「十分な理由」があるかどうかを判断しなければならない。

　十分な理由があるため告知とコメント手続を省いて作成された行政規則が、手続違反でなく、実体判断で争われる場合、裁判所はシェブロン法理をどのように発動するのか。この点は、第8章で検討する。

　手続上、行政手続法によれば、行政機関は事実認定と理由を行政規則の制定の際に記載しなければならない。これらは連邦官報に掲載公表されることになる。この手続を踏まない場合は、告知とコメント手続免除には該当しない。

　告知とコメント手続の例外を、裁判所は狭く解釈してきた。行政機関は告知とコメント手続を回避しようとして、告知とコメント手続の必要性を軽く評価する場合があるからである。とくに司法府は行政機関の告知とコメント手続を不要とする理由づけを厳格に判断する。緊急性が存在する場合は、「公益に反する」場合と認定されやすい。緊急性の認定にあたって、一定の日時までに行政規則を制定すべき場合は緊急性ありとは認定されにくい。行政機関があえて規則制定の期限の間近まで制定を遅らせる場合があるからである。行政機関は「暫定規則（interim final rules）」を用いて告知とコメント手続を踏まない規則を制定することがある。暫定規則を制定してからパブリックコメントを求めて、それを反映させるにふさわしい場合に最終規則に反映することを約束する。

　司法府は、本来提供すべき告知とコメント手続を踏まなかった行政機関の

---

[6] *American Hospital Assn. v. Bowem*, 834 F.2d 1037 (D.C. Cir. 1987).

言い逃れを厳しく判断している。本来、告知とコメント手続を踏んでいれば、あとになってから立場を再考する必要はそもそもなかったからである。ただし、行政機関が告知とコメント手続を提供しようとしていたができなかったような場合は、司法府は「十分な理由」を認定しやすい。市民の参加で、行政規則の制定が遅れる場合がある。したがって、公衆の健康や安全の場合、規則制定が遅れて、市民が危険にさらされると主張するかもしれないが、「十分な理由」とまでは認定されない。これは通常の規則制定に予想される遅れだからである。しかし、特定の健康や安全の「危機」が存在する場合は、「十分な理由」が存在すると認定しやすい。

「実行不可能な場合で公益に反する場合」とは、行政機関が行政規則で一時的に価格統制を実施したいが、告知とコメント手続を踏むことで、価格が一気に上昇してしまうかもしれない場合が挙げられる。

「不要な場合」とは、罰金の額が毎年、物価変動に合わせて修正される場合が挙げられる。行政機関が罰金額を修正する基準を議会制定法が規定しており、それを行政機関が実施するだけの場合である。罰金額を修正する行政機関の裁量の余地はない。また、制定された規則の文法や構成上の修正は規則によるべきであるが、修正によって元の行政規則に新たな争点を生まなければ、告知とコメント手続を踏む必要はない。

「公益が存在しない」、つまり、誰も気にかけず、誰も不満がない場合という行政機関の判断が正しければ、「不要な場合」に該当する。ただ行政機関の判断が誤っている場合もあるので、公益の認定が誤りであったことを争うことは可能である。

行政機関は「直接的・最終規則（direct final rules）」という行政規則を制定して、以前に告知とコメント手続を踏まなかった規則は「不要な場合」であったからだとして、反対のコメントが30日間に存在しない場合に当該行政規則が効果を発するとする場合がある。反対のコメントがあれば、この規則を撤回して、告知とコメント手続を踏んだ行政規則が制定されることになる。

4　ハイブリッド型規則制定手続

　行政手続法が規定しているのは、一般的で基本的な手続にすぎない。行政手続法の手続になんらかの手続を追加する場合は、連邦法で規定する必要がある。現在、多くの行政規則は行政手続法の告知とコメント手続になんらかの手続が追加されており、「ハイブリッド規則制定手続」とも呼ばれている[7]。

　バーモント判決以来、ハイブリッド型規則制定は、行政法や他の法律の要件で規律されている。たとえば、大気浄化法307(d)条は、行政手続法の規則制定手続をさらに詳細に規定している。行政規則の基礎となるデータを入手する手法や、政策などを書面化し、公衆が利用可能な状態に置くことなどが規定されている。これら各連邦法で規定される手続は行政手続法の解釈でも可能なものや、その解釈を越えるために連邦法で規定されているものもある。

a　国家環境政策法（NEPA）

　国家環境政策法（National Environmental Policy Act: 以下、NEPA）[8]に基づく環境評価分析の手続は、行政手続法の告知とコメント手続にならっている。行政手続法552(a)(1)条により対審型と告知とコメント手続を踏む場合には連邦官報への掲載公表義務が存在するため、「公表掲載規則」とも呼ばれる。NEPAは、行政手続法の手順をさらに発展させたものである。提案された行政行為の環境に対する影響を詳細に示さなければならない。この環境影響評価書（Environmental Impact Statement: EIS）と環境諮問委員会（Council on Environmental Quality: CEQ）は、行政規則の制定にあたって、環境影響評価を実施するように行政機関に命じている。EIS の必要性の判断にあたって、(1)連邦政府によるものであり、(2)重要なものであり、(3)人間環境に対する重大な影響をもつ、という要件が必要になる。EIS の必要性を判断するために環境影響評価が実

---

[7]　州の行政手続法は、連邦行政手続法と異なり、正式の規則制定手続に相当する規定がおかれていない州が多い。それらの州は告知とコメント手続を用いて、例外を追加して規定するようにしている。

[8]　National Environmental Policy Act of 1969（NEPA）（42 U.S.C. 4321 et seq.）.

施される。もし環境影響評価が微小である場合、FONSI（finding of no significant impact）を公衆に利用可能な状態に置かなければならない。もし環境影響が存在する場合は EIS の作成が義務づけられる。提案される規則と、それに関する専門的な評価が示される。コメントを経たうえで、最終規則が制定される。この手続を踏んだかどうかは司法審査の対象になる。ただし、環境影響をどのように判断するのか、そしてどのようにその影響が「重大なのか」については争いがある。

5 対審型規則制定手続

　行政規則制定の例外に該当しない場合、告知とコメント手続、対審型の規則制定手続を踏む。行政手続法556条、557条により、対審型の規則制定手続では、行政法審判官（判事）（Administrative Law Judge: ALJ）による裁判所類似の手続を踏んで行政規則が制定される。歴史的にみて、対審型の規則制定手続は列車やバスの価格、電話料金、航空運賃といった価格統制を規律してきた。価格統制は事実認定を主としており、特定の方向に判断がゆらぐ要素が少ない。規制対象者の告知聴聞の機会を保障し、公正さと正確性を確保するという適正手続の要請がはたらいていた。当時は、当事者参加型（trial type：審理型、対審型）手続を価格統制に用意してきた。現在はそうではない。適正手続の保障は、当事者参加審理型の規則制定手続までも要請しない。時間と手間がかかるためである。司法府は、時間と手間のかかる手続を回避しようとする行政機関の動機を理解してきている。そして、556条、557条の当事者参加審理規則制定手続は、文言上、どの規則制定が該当するのか明らかにしていない。553条の規則制定手続が要請される場合とは、「聴聞の機会後に行政規則が記録上、作成されることを議会制定法が義務づけている場合」である[9]。

　553(b)条の告知とコメント手続によれば、提案された規則は一般に連邦官報に掲載公表される。規則のなかに特定の市民が掲載されている場合は、規則を当該市民に送達する。告知は規則制定手続の時間、場所、性質に関する

情報を含めなければならない。連邦民事訴訟規則同様に、正式の規則制定手続に関する規則は公表されている。告知には、提案された規則の主題、争点、関連する主題や争点を記載しなければならない。

告知後は、利害関係人からの書面によるコメントを受領するほかに、行政手続法556条、557条に従い、通常は、行政法裁判官の前での当事者参加審理型の聴聞を設定する。正式の規則制定手続では、口頭審理を実施しないために偏頗のおそれがなければ書面による聴聞で足りる。聴聞は審決と異なり、推奨する提案や一時的決定というかたちで終結する。

6 告知とコメントを通じた規則制定手続553(b)条

行政手続法制定以降は、審決の形式よりも告知とコメント手続を通じて規則制定されている。告知とは、提案する規則を公衆に公表することをいう。正式の規則制定手続の告知と同様である。

> ［553(b)条］ 提案された規則の一般的な告知は連邦官報に掲載公表しなければならない。ただし、当該告知に記載されている個人、あるいは、個人的に送達されたり、あるいは、法に従って実際に告知を受け取ったりした場合を除く。

現在では告知のすべてが連邦官報に公表掲載され、インターネットで閲覧

---

9 *United States v. Allegheny-Ludlum Steel Corp.*, 406 U.S. 742 (1972) (Hearing の文言は曖昧であって行政機関の解釈は合理的である。「聴聞後」だけでは正式の規則制定を発動するには不十分である). *Unitd States v. Florida East Coast Ry. Co.*, 410 U.S. 224 (1973) (「聴聞」が当事者参加審理型手続を意味すると判断した。この聴聞は「書面上の聴聞（paper hearing）」で足りる。書面の提出で十分であって、証人や証拠を提出する必要はない。議会制定法が正式の規則制定手続を要請しているのだという推定ははたらかない。「記録に基づく決定」、「行政機関の聴聞の機会」を明文で規定しているかどうかを司法府は判断する). 両事件とも慢性的な列車不足を軽減するために州際通商委員会（Interstate Commerce Commission: ICC）が発した命令が争われた。鉄道会社は、ICC の規則制定が行政手続法553条の手続に違反しており、連邦法に違反していると主張していた。

可能になっている。

　［553(b)条］　告知は次の事項を含めなければならない。1）規則制定手続の日時、場所、性質、2）提案された規則の法的根拠、3）提案された規則の文言や実体、あるいは関連する主題や争点の記述。

　行政手続法によれば、行政機関は「提案された規則の実体あるいは、関連する主題や争点を記載」しなければならない。実際にはほぼすべての告知は実際の規則を掲載している。提案された規則に先行する部分は前文と呼ばれている。規則制定手続は規則の性質を決定している。次にコメントを概略する。

　［553(c)条］　本項で要求される告知の後、書面によるデータ、見解、主張を、口頭による表明ないしはそれ以外の提出を通じて、行政機関は利害関係に規則制定に参加する機会を提供しなければならない。提出された関連する問題を考察したのち、行政機関は、根拠と目的を簡明に、一般的に規則に掲載しなければならない。

　行政手続法は、書面による聴聞（書面によるデータ、見解、主張）を要求しており、告知とコメント手続では必ずしも口頭である必要はない。争いがある場合は、口頭でのコメントは用いられない。他の法律では、明文で口頭によるコメントを要求する場合もある。また、法律上要求されていないが、公益を明らかにするために口頭でのコメントを求める場合もある。告知とコメント手続における「コメント」は、正式の規則制定手続における当事者参加審理型の聴聞とは異なる。

　以上では、まず行政手続法上の規則制定手続において、それぞれの規則の区分が判例を積み重ねて確定してきたことを確認した。もともとシェブロン判決は、行政機関の連邦法の解釈に対する裁判所の尊重が問題になっていたが、次に、この尊重の対象が連邦法ではなく行政規則であった場合はどうなるのかについて検討していく。

| 7 | **1997年アウア対ロビンズ判決** |

　1997年アウア対ロビンズ判決は、告知とコメントの手続を踏んでおらず法的効力を有しない行政規則についての行政機関自らの解釈は首尾一貫していれば尊重する、と判断した。

　告知とコメント規則制定手続に該当するかについての553条の解釈は厳格である。556条、557条による対審型の規則制定手続に要する時間と手間をできるだけ回避したいという動因が行政機関にはたらく。行政機関は告知とコメント手続型の規則制定手続を用いるのが一般的である。行政機関は規則草案を広く公表し、一般市民からコメントを得て、それを評価したうえで最終的に規則に制定する。最終規則は規則の根拠や目的を説明している。一般的な政策表明や解釈基準は法的拘束力を有しない。

　行政手続法553(b)(A)条の解釈規則（基準）とは、連邦議会の制定法をどのように行政機関が解釈するか、という宣言であり、法的効力は有していない。解釈規則は法的効力を有していないため、対審型・告知とコメント型の規則制定手続を踏む必要はない。解釈規則は、行政機関の法と規則を解釈する指針となるはたらきを有している。

　それでは行政機関が解釈基準を変更した場合はどうなるのか、が問題になる。1997年アウア判決[10]は、法的効力を有しない解釈基準を司法府が尊重する場合があると判断した。行政機関が自らの行政規則の解釈を変更する場合、司法府は、行政機関の解釈が首尾一貫しているという条件で行政機関の解釈を尊重する。しかし、この1997年アウア判決は、ロバーツ・コートの2015年ペレズ判決で立場が揺らぐことになる。

事案の概要

　公務員の超過時間勤務に対する超過勤務手当の解釈が問題となった。本件で問題となる連邦法の公正労働基準法は、最低給与基準や業務基準を規定し

10　*Auer v. Robbins*, 519 U.S. 452 (1997).

ている。本件の警察の巡査や警部補の職位に超過時間の超過勤務手当が必要かどうかは、法文言上、明らかではなかった。

本件で問題となる行政機関は合衆国労働省の規則と警察委員会の判断である。

合衆国労働省は、公正労働基準法における職位に応じた超過勤務の適用除外について「真正の課長、行政あるいは専門職クラス（bona fide executive, administrative, or professional）」[11]は通常、給与基準で報酬が支払われていない。だから、わざわざ超過勤務手当を支払う必要はないと解釈していた。

そして、合衆国労働省の規則は、給与基準を設定し、一定の給与額の場合を満たしている場合には特別超過勤務手当は不要であり、同一の業務の質や量であれば給与を減額してはならない[12]と規定していた。

警察巡査と警部補の職位について、警察委員会は、合衆国労働省の解釈に従い、巡査と警部補は公正労働基準法の規定「真正の課長、行政あるいは専門職クラス」に該当し、超過手当は不要であると解釈した。

セントルイス市のアウア巡査部長や警部補らは、警察の内部規律違反（disciplinary infractions）の場合、その給与額にかかわらず、理論上、報酬が減額されているではないか、と警察委員会を相手に主張した。

判決の概要と解釈手法

スカリア法廷意見に基づき、合衆国最高裁は全員一致でアウア氏らの主張を退け、超過勤務手当を不要と判断した原審の判断を維持した。法的効力の認められない行政機関の解釈規則であっても、それが矛盾していないかぎり裁判所は尊重するという。

すべての公務員に適用される給与基準に関する公正労働基準法について、合衆国労働省は、給与基準に規律違反に伴う減額を含めないと解釈した。合衆国労働省は公正労働法の規定の適用除外を定義し、基準を設定しており、その解釈は合理的である。給与基準は合衆国労働省の策定した規則であり、

---

[11] 29 U.S.C. 213(a)(1).
[12] 29 C.F.R. 541.118(a) (1996).

行政機関自身の解釈が明らかに誤っているか（plainly erroneous）矛盾していないかぎり支持される。合衆国労働省は次の判断基準を示した。第一に、実際、現実問題として、規律違反を理由に減給する場合は、超過勤務手当の適用除外に該当しないか。第二に、減給の雇用慣習が存在するか、あるいは、そのような減給の可能性が雇用政策上、十分に認められるか。第三に、現実の減給は硬直的（wooden requirement）に理解されておらず、明らかで特定された政策を通じて特定の事案において減給される旨が被用者と雇用者との間で「十分に意思疎通（effectively communications）」されているかどうか。第四に、遂行される職務の質や量に応じて減給に「服する（subject to）」旨が労働省の理解と一致するかどうか。警察署内のガイドラインでは、内部規律違反に伴う給与減額が巡査部長に適用されるかどうか、十分に周知されていないとスカリアは指摘した。

　以下、考察に移る。第一に、行政機関の自身の規則解釈が矛盾していないかぎり司法府は尊重するという1997年アウア判決は、1945年セミノール判決[13]と1989年ロバートソン判決[14]を根拠にした。1945年セミノール判決では、1942年緊急時価格統制法の規定[15]に基づき、緊急時に物価を安定させるための措置を価格統制官（price administrator）に授権していた。価格統制官は一定期間に掘削機器の最高売却価格を行政規則[16]に基づき設定していた。マーフィ執筆法廷意見によれば、最高価格に関する行政規則が1942年緊急時価格統制法と矛盾しないかぎり、司法府は行政規則を尊重するという。

　1989年ロバートソン判決では、開発業者がワシントン州の国有林に隣接する地域のスキー開発の許可申請にあたって、農務省の林野部（Forest Service）の不許可決定を争った。

　連邦法[17]に基づき、戸外でのレクリエーション、遊牧、材木、湿地、野生動

13　*Seminole Rock, 325 U.S. 401, at 414 (1945).*
14　*Robertson v. Methow Valley Citizens Council, 490 U.S. 332 (1989).*
15　2(a) of the Emergency Price Control Act of 1942.
16　Rule (i) of §§ 1499. 153(a), 1499. 163(a)(2), 1499. 163(a)(2) of Maximum Price Regulation No. 188.
17　16 U.S.C. 528.

物や魚のための管理権限が行政機関に授権されている。行政機関は行政規則[18]を制定し、環境の保護と自己回復措置と計画、景色や美的かつ、魚や野生動物の生態系など環境を保護し、損害を最小化する条件を規定した。環境影響評価書（EIS）が用意され、大気の質、シカの大群に対する影響などが評価される。そして環境に対する悪影響を軽減し、緩和する措置が評価される。EIS は、一度に8200人を収容する16基のリフトという条件を推奨した。さらに地域の森林官は、特別許可を認める際、競合する申請を審査し、連邦の国有森林監督官に報告した。連邦と地域はそれぞれ独立しながらも共同して、緩和措置を評価している。開発の許可申請の対象事業の種類と質、財政的能力、事業の経験と資格、連邦、州や地方の法を含めた許可に従って遂行する能力に基づき開発業者を選定する。開発業者は行政機関の決定が NEPA に違反していると主張して、行政機関の不許可処分を争った。

　スティーブンズ執筆法廷意見によれば、行政機関は、主要な EIS を準備し、「行動を促す（action forcing）」という包括的な政策目標が NEPA101条に規定されている。行動を促す（action forcing）手順に従い、行政機関は環境上の影響を精密に評価（hard look）し、関連する環境上の情報を広範に提供する。この手順は、行政機関の実体的判断に影響を及ぼす。NEPA そのものは特定の結論を志向するものではなく、必要な手順を規定するにすぎない。申請者の提案する活動についての環境上の悪影響（adverse environmental effect）は適切に同定され、評価される。NEPA は行政機関に対して、環境上の費用を必要とするほかの価値をさらに考察するようには命じていない。他の議会制定法が行政機関に対して実体的な環境上の義務を課しているかもしれないが、少なくとも NEPA は、行政機関の情報や資料が不十分なままの（uninformed）決定を禁止している。

　行政機関自身の行政規則の解釈は明らかに誤りが存在せず、矛盾しないかぎり支持される。NEPA は EIS について「最悪の事態（worst case analysis）」[19]までは必要としていない。かつての行政規則では環境諮問委員会（CEQ）が最

18　36 C.F.R. 251.54(e)(4), 36 C.F.R. 251.56(a)(1)(ii).
19　40 C.F.R. 1502.22(b).

悪の事態を求めていたが、のちに改正されている。

　本件の林野部が行政規則で求める緩和措置は行政規則に明らかに誤りが含まれていたり、矛盾したりするものではなく、尊重に値する、と1989年ロバートソン判決は判断した。

　これらの二つの判決（1945年セミノール判決、1989年ロバートソン判決）と1997年アウア判決は、いくつかの争点を示している。

　第一に、規制対象を管轄する連邦法がひとつでも、複数の行政機関が存在する場合がある。

　第二に、行政機関は連邦だけではなく州の行政機関が統制する場合がある。州の行政機関は連邦の基準よりも厳しい要件を課す場合があり、連邦主義の問題が生じる。この点は2007年マサチューセッツ判決、2015年キング判決でも浮上する。

　第三に、行政機関自らの行政規則の解釈は従来の解釈との間に明らかな誤りや矛盾が存在しない場合、司法裁判所は行政機関の規則解釈を尊重する。

　最後に、スカリアはこの1997年アウア判決に批判的な立場をとっていた。シェブロン法理は連邦法に関する行政機関の解釈であり、アウア判決は行政規則に関する行政機関の解釈である。行政機関の解釈の対象が連邦法か行政規則かによって裁判所の尊重の程度を区別することも可能かもしれない。

8　2001年ミード判決

　2001年ミード判決[20]は、対審型・告知とコメントの規則制定手続を踏まない行政機関の解釈基準についてもシェブロン法理が作動する、とした。ただし、シェブロン尊重は妥当するけれど解釈規則についての尊重の程度は限定される、とした。これをスキッドモア尊重、ステップ0という論者もいる。

---

[20] *United States v. Mead Corp.*, 533 U.S. 218 (2001).

第 2 章 規則制定権とシェブロン法理　31

事案の概要

本件で問題となる連邦法は合衆国関税率調整別表[21]である。行政機関である税関局は、輸入された物品の関税対象物品と関税率を分類する権限を本法で授権されている。

連邦法の別表では、レターパッド、メモ帳、日記その他類似の物品（"[r]egisters, account books, notebooks, order books, receipt books, letter pads, memorandum pads, diaries and similar articles,"）と規定されている。

本件で問題となる行政機関の法解釈は、関税率を調整する解釈規則（ruling letters）である。レターパッドやメモ帳には課税率が 4 パーセントかけられる。しかし、「そのほか類似の物品（similar articles）」には同率の関税がかけられない可能性がある。

本件で問題となったのは、特定の輸入物品に対して関税率を調整する際の解釈の基準となる規則解釈回答（ruling letter）である。本件で問題となるデイ・プランナー（日程表）が、関税率 4 パーセントの対象に該当するか、それとも「そのほか類似の物品」として免税されるかは明らかではなかった。

行政機関は、当初はデイ・プランナーを免税扱いにしていたが、解釈規則を変更して課税対象物品とした。この規則解釈回答は公表されなかった。

判決の概要と解釈手法

スーターが法廷意見を執筆し、レーンキスト、スティーブンズ、オコナー、ケネディ、トーマス、ギンズバーグ、ブレイヤーが同調した。スカリアが反対意見を執筆した。原審の判断を破棄し、差し戻した。法的効力を有する行政規則を制定する権限を連邦議会が行政機関に一般的に授与し、行政機関の解釈が権限の行使内であれば、シェブロン尊重がはたらくとした。

行政機関の連邦法解釈を裁判所が審理する際、連邦議会から行政機関に対して権限が委任されたかどうかを判断する。行政機関は告知とコメント手続に基づく裁決、または委任された権限の範囲内で、連邦議会の意図を指示することもある。

---

[21] Harmonized Tariff Schedule of the United States（HTSUS），19 U.S.C. 1202. 19 U.S.C. 1500(b).

本件では告知とコメント手続を経ての規則解釈回答が出されていない。1993年に、従来の規則を修正する場合には告知とコメント手続が必要になった[22]。本件の規則解釈回答にはシェブロン法理が適用され、なお1944年スキッドモア判決に従い、解釈規則が説得力を有するかどうかを審査する。

　本件の関税率がどの範疇に該当するかどうかは、告知とコメント手続を経た正式の裁決をふまえたものではない。関税対象物品の分類を定める解釈規則は単なる政策表明、行政機関のマニュアル、執行上のガイドラインにすぎない。解釈規則を裁判所が審理して尊重する場合は、行政機関の専門性が根拠となる。

　以下、考察に移る前に行政機関の「裁決」と「決定」について説明しておく。

　「裁決」とは、事実審同様の手続を用いて判断する形式をいう。法的効力を有する行政規則を制定する権限を授権された行政機関は、法的効果を有する行政規則あるいは裁決のどちらかを選択する。行政機関は法的効力を有する行政規則を制定しないで、「裁決」を通じて政策的な判断を示す場合がある。もし行政規則のなかに曖昧性が存在する場合、行政規則を修正したり、あるいは裁決を通じて曖昧性を解消したりする。

　裁決（adjudication）、決定（order）を用いる利点は、コモンロー裁判所のように事実に対する判断が含まれていることである。特定の事件を離れて抽象的に政策を表明する場合よりも、特定の事実の文脈で最も適切な政策はなにか、を判断しやすい。裁決では、関係する利害関係人が参加する機会を得る。特定の政策を採用すべきだという政治的圧力から隔絶して、特定の事案で裁決を下すことができる。そして、オバートン判決[23]に従い、行政の裁決には実質的証拠法則が適用される。

　行政機関が法を執行する際、誰が最も悪質な違反者に該当するか、を裁決では選択することができる。裁決では関係する利害関係人は参加する機会を得る。

---

[22]　19 U.S.C. 1625(a), (c).
[23]　*Citizens to Preserve Overton Park v. Volpe, 401 U.S. 402 (1971).*

行政規則の利点は、裁決に比べると、裁決のように複数回ではなく一回の手続で、特定の争点を判断できる。将来発生する可能性のある争点の登場を未然に防ぐことができ、時間と人的資源を節約できる。
　行政規則、裁決、決定のいずれを用いるかは、行政機関がどのように法の目的を達成するか、に左右される。この選択は裁判所での訴訟と関係している。
　第一に、議会制定法が行政機関に一般的な規則制定権を授権しているかどうかを裁判所は審査する。第二に、たとえば裁決を通じて申請不許可になった場合、その申請者が裁決の認定事実を争える機会があったかどうかを審理する。
　裁決は複数の事案で判断されるため、それらの複数の裁決の一貫性が求められる。そのため、行政規則には例外規定が用意される場合が多い。行政機関は、例外規定を用いて、通常の場合と異なって適用を見送る余地を残すことがある。
　行政規則には、裁決と異なり、少なくとも時間と手間を省く、告知とコメントによる規則制定手続を経るという利点がある。行政規則は、一種の法であって、先例ではない。行政規則の法的効果は一般的で抽象的である。決定は、特定の事案の特定当事者にだけしか及ばない。裁決は先例になるが、引用されるかどうかは行政規則ほど明らかではない。将来の事案で、特定の裁決につき先例としての価値を争うことは可能であるが、法的効果を有する行政規則の適用の妥当性を争うことはできない。
　この差異は、次のような場合に現れる。
　決定を通じて政策を形成する行政機関もあれば、政策形成において決定を避ける行政機関もある。概して、司法府は、行政規則による政策形成を好む傾向がある。一般市民に適用される政策を制定する際は透明性があり、公的手続に、広く市民から意見を得る機会が確保されなければならない。行政規則は、将来的に一般的な効果を有しているからである。
　議会制定法が行政規則制定権を行政機関に授権する際、規則制定に特定の期限が設定されることもある。
　行政機関はこのような規則制定の期限が議会制定法に規定されていながら

も、その期限を遵守しないことが多い。期限があまりに短いために遵守できない場合もあるし、どのような行政規則が規定されるべきかを判断するための問題が複雑すぎる場合もある。行政機関が議会制定法の示す複数の政策のどれを選択するか、を検討するために、一般的に用意された期限に間に合わない場合もある。これらの期限は予算とも関係している。期限が短いからといって特別に予算が回されるわけではない。予算配分にあたって行政規則制定の期限を重視しないという非公式の示唆が委員会から行政機関に届けられる場合もある。

議会制定法に設定された期限内に行政規則を制定しないことは法違反である。しかし、この違反に制裁が用意されることは少ない。ただ裁判所は行政機関に対して可能なかぎりに迅速に行動するよう命令することは可能である。この点は新たな行政規則を作成する引き換えに二つの既存の行政規則を廃止すべしというトランプ政権の大統領命令13771号と関係している。

以下、2001年ミード判決の考察に戻る。

第一に、シェブロン判決が下された1980年代当時は、スカリアはシェブロン判決を好意的に評価していた。2001年ミード判決スカリア反対意見は、行政機関の規則回答を通じた連邦法解釈は合理的だ、と判断した。ミード判決ではスカリアは規則制定手続の差異で尊重の程度を区別しない。スカリアによれば、対審型の規則制定手続と異なる告知とコメント型の規則制定について議会の意思が曖昧なのだから尊重の程度も弱い、ということはできない。

シェブロン判決は、文言の曖昧性を行政機関が埋めた場合は、行政機関の解釈が合理的であるかぎり司法府は尊重すべきとしていた。議会制定法が曖昧である場合に行政機関が議会の意思を明らかにすると述べるだけであり、正式の手続を踏むべきかどうかについて、シェブロン判決はなんら正面から述べていない。ミード判決スカリア反対意見は、手続を基準に区別してシェブロン尊重を限定したとミード判決スーター執筆法廷意見を非難する。

第二に、2001年ミード判決は、シェブロン判決を明言しており、1944年スキッドモア判決も破棄しなかった。1944年スキッドモア判決は行政機関の法解釈についての司法府の尊重にはさまざまなかたちがあると述べていた。最高裁は、行政規則と連邦法を区別し、またその尊重の程度も変動する。規則

制定手続の区別に応じて、尊重の程度は変えるのか、という争点が浮上することになる。そのため下級裁レベルで混乱が生じた。

規則制定手続で区別し、対審型・告知とコメントの規則制定手続を踏まない場合、シェブロン尊重は適用されるが限定されるという判断、規則制定手続のもたらす法的拘束力という効果の有無で尊重の程度が区別されるという考え方があった。

行政機関は自ら制定した行政規則に対する司法府の尊重が欲しいため、進んで告知とコメントの規則制定手続を踏もうとするようになるかもしれない反面、時間と手間を嫌って規則制定手続の例外（553(b)(A)条の解釈規則や政策表明など）を使おうとするかもしれない。

解釈規則は告知とコメント手続の例外（行政手続法553(b)条）に該当する。手間を嫌って行政機関は告知とコメント手続の適用除外を求めようとするかもしれない[24]。

1984年シェブロン法理は行政機関の解釈よりも裁判所が優れた解釈を司法府が提示することが可能であってもそれでもなお行政機関の判断を尊重するとも理解できる。2001年ミード判決は、司法府の尊重の程度を弱めた点で、いったんシェブロン法理によって行政機関に簒奪された法解釈権限を司法府に取り戻すための挑戦のひとつとも評価できる。

レーンキスト・コート時代では行政機関の判断を尊重する場合が1984年シェブロン判決であり、尊重を否定する場合が2001年ミード判決だ、という単純な位置づけも理解も可能だった。対審型・告知とコメントの規則制定手続を踏む場合はシェブロン法理を適用するが、それ以外の場合はミード判決が適用されるという理解も可能だったかもしれない。

第三に、2001年ミード判決は委任理論に触れた。2001年ミード判決によれば、シェブロン尊重が適用され、司法府が行政機関の判断を尊重する条件は、連邦議会が規則制定権を一般的に行政機関に委任（授権）しており、連邦法で認められた権限内で行使していることである。行政機関の規則制定権を連邦議会が委任している点がはっきりしない、と司法府が判断すれば、行政機関

24　5 U.S.C. 553(a), (b).

の判断に対する尊重の程度は低くなると2001年ミード判決を位置づけることは可能である。行政機関の判断権（jurisdiction）を司法裁判所が確認する点については、第3章のステップ0で検討する。

　第四に、ミード判決スカリア反対意見は、2001年ミード判決法廷意見がシェブロン法理を崩壊させていると主張する。シェブロン判決は、議会制定法に曖昧性が残されている場合、行政機関が曖昧さを埋める役割を担う、と述べた。手続の対審型・告知とコメント型と行政機関の権限との間に関連性は不要であり[25]、正式の手続を踏まない規則であってもシェブロン尊重は作動すると理解できる。スカリアは手続を問わず、行政機関の解釈に対する尊重の程度を縮減させようとしない。2001年ミード判決の時点ではスカリアはシェブロン法理を強く信仰していたことがうかがえる。そして、法的効力を有する規則制定権限を連邦議会が行政機関に委任している場合、たとえ行政機関が制定した行政規則に法的拘束力が認められなくても（法的拘束力を有しないかたちの行政規則を制定しても）シェブロン尊重が作動しなければならない。

　2001年ミード判決スカリア反対意見の思惑はともかく、告知とコメント手続を踏まない場合、たとえば、行政機関の行為に法的効力が存在しないにもかかわらず行政機関の判断を裁判所が尊重しなければならないのかという争点を、2001年ミード判決は示すことになる。もちろん行政機関の判断権限がそもそも連邦議会制定法を通じて授権されていない場合、司法府がわざわざ尊重する必要はない。

　行政手続法は行政機関の規則制定を規律しており、一般市民の行動を規律しているわけではない。行政機関の法遵守を要請している。しかし、それでもなお行政機関の政策変更や内部基準の変更は市民の行動に大きな影響を及ぼしている。市民の側からすれば解釈基準を変更したり、一般的な政策宣言が変更されたりしたことに伴い、実質的に行政機関が申請を不許可にしている印象を受けることもある。

---

[25] *Mead*, at 246, 252（Scalia, J., dissenting）。制定手続上の区別は多寡の問題であって、実質的に両者の差異は顕著ではない。

この点は2015年ペレズ判決（解釈基準の変更）、あるいは2007年マサチューセッツ判決（規則制定の申立ての拒否と最終性、一般的な政策変更との関係）で浮上する。

　最後に、根拠となる連邦法、そして規則を制定する行政機関の種類は多様である。1944年スキッドモア判決では、公正労働基準法と合衆国労働省、アウア判決では公正労働基準法と合衆国労働省に加えて警察委員会、2001年ミード判決では、合衆国関税率調整別表と税関局の規則回答が問題となった。

　当初、シェブロン判決で行政規則の規則制定権限が問題になった議会制定法は大気浄化法であり、行政機関は環境保護庁（EPA）であった。これらの事案は大気浄化法とEPAで争われたシェブロン法理がはたして他の法律、行政機関や事案でも適用可能であるか、という争点を含んでいる。行政機関の専門的知識が尊重の根拠であるならば、尊重の対象が議会制定法を解釈する行政規則であろうが行政機関が自ら策定した行政規則であろうが尊重の程度は変わらないだろうというのが、スカリアの立場かもしれない。

　しかし、行政機関の規則解釈と議会制定法解釈を別軸で検討するのが次の2013年デッカー判決である。

9　2013年デッカー対NRDC判決

　2013年デッカー対NRDC判決[26]は、シェブロン0と位置づけられる。行政機関の解釈が矛盾していないかぎり司法府は尊重するという事案である。1997年アウア判決の適用が問題になった。本件では行政機関の複数の行政規則の矛盾が市民訴訟で争われた。司法府は、行政機関の解釈が矛盾していないかぎり行政機関の解釈を尊重する。この判決では、行政規則の改訂に伴い、司法裁判所が扱う争訟性が存在しているのか、という争点も浮上した。

26　*Decker v. Northwest Environmental Defense Center*, 133 S. Ct. 1326 (2013).

事案の概要

　林道からの豪雨で雨水が流出したことに伴う環境に対する脅威が問題となった。1972年水質浄化法は、全国の水域における科学的、物理的、生態的の完全な状態を要請した[27]。

　水質浄化法には、全国汚染物質排出削減制度（National Pollutant Discharge Elimination System: NPDES）が用意されており、合衆国の航行可能水域（navigable waters）に「特定汚染源（point source）」から汚染物質（pollutant）を排出する場合には許可（以下、NPDES 許可）[28]が必要である。また、「産業活動と関連する排出（associated with industrial activity）」にも許可を要求している[29]。水質浄化法は「特定汚染源」を「汚染物質が排出されている、あるいは排出される可能性のあるパイプ、排水溝、水路、トンネル、導管、井戸、分離溝、コンテナ、鉄道車両、集約型畜産業、または船舶（any pipe, ditch, channel, tunnel, conduit, well, discrete fissure, container, rolling stock, concentrated animal feeding operation, or vessel or other floating craft, from which pollutants are or may be discharged）」と定義した。農業に用いる雨水の排出、灌漑農業から還流してくる排出は NPDES 許可の対象外とされていた[30]。

　1987年に水質浄化法が改正され、雨水の排出は NPDES 許可の適用除外とされた[31]。ただし、雨水の排出を二つに分けて、「一般的な」雨水の排出は適用除外の対象とならないが、「産業活動と関連する」雨水の排出には許可が必要であると規定した[32]。

　しかし、なにが「産業活動と関連する」のか、水質浄化法上は明らかではなかった。行政機関は「産業活動と関連する」文言を、産業雨水規則（Industrial Storm Water Rule）で確定した。行政規則によれば、嵐から林道を通じて雨水を集めて運搬し、産業施設で製造、処理、原材料の貯蔵に用いる場合が

27　33 U.S.C. 1251(a).
28　33 U.S.C. 1311(a), 1362(12).
29　33 U.S.C. 1342(p)(2)(B).
30　33 U.S.C. 1362(14).
31　33 U.S.C. 1342(p)(1).
32　33 U.S.C. 1342(p)(2)(B).

「産業活動に関連する」に該当するという。

　産業雨水規則は、産業の種類に応じて分類して、木材製品（Lumber and Wood product）の分野は24番目に分類している。その下位に属する「材木切り出し（logging）」産業は、材木を切り出し、主として森林の天然の素材を扱う事業として分類され、定義されている。

　本件で問題となるこの規則は、2006年に産業雨水規則として制定され、2012年に改訂されることになる。2012年改定「前」の2006年の行政規則について豪雨の排出は「産業活動に関連する」事業としてNPDES許可が必要ではないか、と市民団体は考えた。

　2012年に改定された新たな行政規則は、農業の運搬ルート（conveyance）、豪雨による雨水の排出、灌漑農業からの還流は、明文で許可から除外した。

　市民団体は水質浄化法の市民訴訟規定[33]に基づいて、不許可処分を争った。林道からの汚染物質の流出は、NPDESの許可を得ておらず、水質浄化法に違反しているという。

判決の概要と解釈手法

　ケネディ執筆の法廷意見にロバーツ、トーマス、ギンズバーグ、アリトー、ソトマイヨール、ケーガンが同調した。ロバーツの同意意見にアリトーが同調した。スカリアが一部同調し、一部反対意見を執筆した。ブレイヤーは審理に参加していない。2006年と2012年の行政規則についての解釈の首尾一貫性に注目した。

　ケネディ法廷意見によれば、本件訴訟は水質浄化法の市民訴訟の規定[34]が適用されず、裁判管轄が認められない。水質浄化法の認める市民訴訟は、違反者に対して水質浄化法の規制を課すために用意されたものであるからである。あらゆる審理段階で事件争訟性が存在していなければならない。裁判所がどのように効果的な救済を与えられるかが問題となっているという。

　水質浄化法[35]上、行政機関は「産業に関連する」の法文言を定義する権限

---

[33] 33 U.S.C. 1365.
[34] 33 U.S.C. 1369(b).

が認められる。

　2006年の行政機関の産業雨水規則は、暫定的、戸外の「材木切り出し」設備を規制対象から除外する、と行政機関は解釈していた。「製造」とは、大規模な機器を用いている、「加工処理」とは、複数の機器と化学的加工が必要である、と解釈した。もし「材木切り出し」が経済活動という一般的な問題として規制範囲内であるとしても、少なくとも排出が、直接的に産業施設での操業と関連していなければNPDES許可ははたらかないであろう。

　2006年行政規則は、戸外の経済活動と関連する豪雨に伴う排出にNPDES許可を要求していた。たとえば採掘、産業廃棄物の処理、大規模建設場所である[36]。これらの活動は、材木の切り出し作業と比べれば、一定の場所に固定されており、持続的である。あらゆる雨水の排出を行政規則の適用範囲内であると理解する必要はない。材木切り出し場所での排出に行政規則が適用されるという解釈は支持しがたい。行政規則は、「産業施設における製造、加工処理、生の素材の貯蔵」に限定されると理解するのが妥当である。「製造、加工処理、産業施設」の文言の解釈は行政機関に委ねられる。伝統的、固定され恒久的な産業施設として理解するのが妥当である。材木伐採地に雨水の流出を行政規則から除外し、NPDES許可を不要とする行政機関の解釈は首尾一貫しており、尊重される。

　以下、考察に移る。

　第一に、裁判所の救済が可能かどうかを検討している。ムートネスとは訴訟提起から裁判の終結までに事件争訟性が存在しなければならない。そして、市民訴訟は違反者である行政機関に対して法の遵守と執行を求めるのが目的であり、行政規則の適用範囲を確定しようとする本件訴訟とは性質が異なるとして裁判管轄を否定している。

　第二に、1997年アウア判決に従い、行政機関の行政規則の解釈は、明らかに矛盾している、あるいは規則と矛盾していないかぎり、司法府は尊重する。豪雨に伴う雨水の流出を除外するという行政機関の解釈は支持でき、行政機

35　33 U.S.C. 1342.
36　40 C.F.R. 122.26(b)(14)(iii), (v), (x).

関の解釈は、伝統的な産業施設だけに絞り、豪雨に伴う林道からの雨水の流出を含まないと解釈した。これに対して、「産業活動と関連する（associated with industrial activity）」は、明確に豪雨時の林道からの雨水流出を適用範囲としていると市民団体 NEDC（Northwest Environmental Defence Center）は主張した。

ケネディ法廷意見は、「産業上の（industrial）」、「産業（industry）」に複数の定義が存在すると指摘した。シェブロン法理に従い、豪雨に伴う林道からの雨水の排出が「産業活動に関連する排出」を明確に含むとはいえない。アウア判決に従って、行政機関の行政規則の解釈は、明らかに矛盾している、あるいは規則と矛盾していないかぎり、司法府は尊重する。

第三に、シェブロン法理は、連邦議会が規則制定権を行政機関に授権した場合、行政機関の規則制定権に認められる行政機関の判断の一定の幅を示している。行政機関の規則制定権に一定程度の判断の幅が黙示的に授権されている、とスカリア反対意見は指摘した。もし行政規則に複数の意義が含まれているのであれば、行政機関が行政規則を通じて権限を濫用する可能性があることをスカリアは懸念した。行政機関は告知とコメント手続を遵守せず、複数の解釈が導かれる規則をあえて制定するかもしれない。スカリアは、シェブロン判決自体は支持したうえで、その後に続く1997年アウア判決を見直すべきだと主張した。スカリアによれば、行政機関の法解釈についての行政規則ではシェブロン法理が妥当し、行政機関の自身の行政「規則」の解釈を発動するアウア判決は別軸に存在している。尊重する対象が連邦法と行政規則で異なるはずだという[37]。

第四に、スカリアは、2011年トークアメリカ判決[38]でも、自ら法廷意見を執筆したアウア判決を破棄すべきだと主張していた。2011年トークアメリカ判決スカリア個別意見は、1997年アウア判決の抱える問題を指摘した。トークアメリカ判決は行政規則に対する行政機関の解釈が妥当な解釈であり、アウア判決の再考を求めていなかった。しかし、スカリアによれば、本件では事情が異なり、行政機関の解釈が常に最善であるべき必要はなく、アウア判決の再考が必要であると主張する。

---

[37] *Decker*, at 1340（Scalia, J., dissenting）.

第五に、デッカー判決ロバーツ同意意見は、1997年アウア判決を見直すべきであるが、本件は再考には至らない、と非常に簡略であるが述べている。アウア判決の再考を訴訟当事者は脚注にて述べたにすぎないとする。二つの大学教員の法廷助言書（amicus brief）だけが指摘していたにすぎない。再考するかどうかの争点は行政法の本質にかかわる問題であるという。この点は2013年アーリントン判決とも関連する。2013年アーリントン判決では、1996年電気通信法に基づく行政機関である連邦通信委員会（Federal Communications Commission: FCC）と無線塔や無線局の設置が問題となった。無線電話会社は州ならびに地方政府から地域ごとに無線塔や無線局設置の許可を得なければならない。この設置を促すために連邦議会は1934年電気通信法を改正し、地方政府が地域の設置申請を「合理的な期間内」[39]に処理するように求めた。本法の改正にもかかわらず、地域許可は進まなかった。2008年無線連合は、FCCに対して、不合理な遅れを終わらせるために一定期限を設けて申請の処理を進めるように求めた。行政機関は行政規則で「合理的な期間」とは、既存の建築物に無線局を設置する場合は90日、新しい建築物では150日間と設定した。

　州は、行政機関が電気通信法に基づき期限を設定する権限は存在しないと主張した。州側によれば、連邦議会の電気通信法の制定時に授与された権限を行政機関は逸脱しているという。この点は第3章でも検討する。

---

38 *Talk America Inc. v. Michigan Bell Telephone Co.*, 131 S. Ct. 2254 (2011). 1996年電気通信法に従い、連邦議会は地方通信事業を市場に開放しようとして、既存の通信事業者の施設とサービスを競合他社と共有するように義務づけた。47 U.S.C. 251 (c) (3) に基づき、既存の通信事業者は、連邦通信委員会（FCC）の指定するネットワークの構成要素を開放する。これにより、新規参入事業者はゼロから通信施設を構築する必要はなくなることになる。ところが、2003年に、以前のFCCの解釈と矛盾する決定が下された。既存の通信引込設備（ケーブルやワイヤーといった通信）については既存の通信事業者が新規参入事業者に提供する義務は負わないという。その理由は、この設備はネットワークの構成要素ではないからだという。ただし、既存の通信事業者は新規事業者に対する相互接続の義務はなお負っているとした。争点は、連邦法は、既存の地方通信事業者に対して、新規事業者に市場で既存の通信施設を開放し、安価で、政府の規制する価格で接続する義務を負わせることはできるか、であった。

39 47 U.S.C. 332 (c) (7) (B) (ii).

10　2015年ペレズ判決

2015年ペレズ判決[40]は、対審型または告知とコメントの規則制定手続を踏まない行政規則をシェブロン（スキッドモア）尊重すると判断した。解釈基準の変更について行政手続法に明文上、要求されていないのだから告知とコメント手続は不要である、とした。

事案の概要

抵当担保権（mortgage loan officer、いわゆる住宅ローン）執行官が、連邦法である1938年公正労働基準法（Fair Labor Standards Act of 1938: FLSA）の「行政職員」に該当すると行政機関は判断した。行政機関の判断にあたって、告知とコメントの機会は存在していなかった。

もっとも、2004年に行政機関は告知とコメント手続を踏んで、適用除外に該当する行政職公務員を行政規則[41]で規定していた。そして、金融商品を販売するといった財政的な業務に従事する場合は行政職公務員の適用除外に該当しない、と例示していた。

行政手続法上、解釈基準については必ずしも告知とコメント手続を踏む必要はない。行政手続法553(b)条に従い、解釈基準に法的効力は認められていない。法的効力を有する行政規則を制定したければ、告知とコメント手続553条を踏んで規則を制定しなければならない。告知とコメント手続には、行政機関の解釈の濫用を防止する役割が認められる。

解釈基準に関する553(b)条は告知とコメント手続の例外である。行政手続法上、告知とコメントが義務づけられていないため、行政機関は解釈基準を通じた解釈の変更が可能であった。行政手続法の潜脱とも評価されていた[42]。

40　*Perez v. Mortg. Bankers Ass'n*, 135 S. Ct. 1199 (2015).

41　29 C.F.R. 541. 203.

42　*Perez v. Mortgage Bankers Ass'n*, 129 Harv. L. Rev. 291 (2015)〈http://harvardlawreview.org/2015/11/perez-v-mortgage-bankers-assn/〉.

そこでコロンビア特別地区連邦裁判所は、行政機関が解釈を変更する場合には告知とコメント手続が必要である、という法理を確立していた。また、解釈規則に法的効力が認められない場合であっても裁判所は行政機関「自身」の行政規則の解釈を尊重しなければならない、という1997年アウア判決が存在していた。

判決の概要と解釈手法

ソトマイヨールが法廷意見を執筆し、ロバーツ、ケネディ、ギンズバーグ、ブレイヤー、ケーガンが同調した。アリトーはパートIII-bを除いて同調した。アリトーは、一部同意、一部結論同意意見を執筆した。スカリアとトーマスは結論同意意見を執筆した。

連邦行政機関が解釈規則553(b)(A)条を用いて解釈規則を制定する場合、一般的に行政手続法上の告知とコメント手続を必要としない。

たしかに行政機関は解釈規則を通じて告知とコメント手続を潜脱したい欲求がはたらく。2009年FCC対フォックス判決[43]によれば、従来の政策と新しい政策の根底にある認定事実が矛盾する場合、あるいは、従来の政策に対する信頼利益を深刻に侵害する場合、行政機関は実質的な正当化根拠を提出しなければならない、と行政手続法は規定している。これは恣意的で専断的な基準と類似している。恣意的で専断的な基準は行政機関の恣意を抑制するはたらきがある。

行政機関の告知とコメント手続の潜脱はすでに連邦議会の認めるところであり、本件連邦法も規定を置いている。過去の解釈に従って行動した職員の責任を限定している。

行政機関が従来、採用してきた解釈と逸脱するような新しい規則解釈に踏み出す場合、行政機関は行政手続法上の告知とコメント手続を踏まなければならないというコロンビア特別地区連邦裁判所の判例[44]は破棄される。

行政手続法は、連邦行政機関の規則の制定、修正、廃止の手順を設けてい

---

[43] *FCC v. Fox TV Stations, Inc.*, 556 U.S. 502 (2009).
[44] *Paralyzed Veterans of Am. v. D.C. Arena L.P.*, 117 F.3d 579 (D.C. Cir. 1997).

る。行政規則は、一般的及び特定の適用可能性に関する意見、法及び政策の実施、解釈、規定のために設計された将来の影響を広く含むものとして定義される。

　行政手続法553条は、3段階の告知とコメントによる規則制定手続を規定している。第一に、553(b)条により、行政機関は提案された規則制定を一般に連邦官報に掲載して告知しなければならない。第二に、553(c)条により、告知が必要な場合、行政機関は利害関係者に、資料、見解、主張といった書類の提出を通じて規則制定に関与する機会を与えなければならない。第三に、553(c)条により、行政機関は、パブリックコメントの期間内に受領した重要なコメントを熟慮し対応しなければならない。告知とコメント手続を経た規則は「立法規則、法規命令（legislative rule）」と呼ばれ、法的効力が認められる。

　すべての規則は、告知とコメント手続を経て発せられるわけではない。行政手続法によれば、他の法の特別な規定がないかぎり、解釈規則（interpretive rule）、政策の一般的な表明、行政組織の規則、手続や慣習に告知とコメント手続は要求されない。行政手続法553(b)(A)条の解釈基準は、行政機関の法と規則の解釈の指針となる特徴を有している。告知とコメント手続の義務が存在しないため解釈基準の制定は法規命令よりも簡便である。しかし、簡便さには犠牲を伴う。解釈基準に法的効力は認められず、裁決手続の基準とはならない。

　本件で問題となる1938年公正労働基準法は、最低賃金と超過労働手当を規定しているが、特定の種類の労働者は、これらの規定は適用されない。これらの適用除外に該当する個人は「真正の（bona fide）執行、行政あるいは専門的技能を有する者」をいう[45]。これらの該当者に対する適用除外を「行政職（administrative）」による適用除外規定と呼ぶ。

　公正労働基準法は合衆国労働省長官に、行政職の労働者の適用除外の類型を確定する権限を与えている[46]。2004年の行政職適用除外は、告知とコメント手続を通じて行政規則が制定されている。2004年規則が2004年以前の規則

45　29 U.S.C. 213(a)(1).
46　29 U.S.C. 213(a)(1).

と異なる点は、適用除外となる行政職労働者の例を行政規則に掲載公表したことである[47]。

コロンビア特別地区連邦控訴裁判所の判例は、行政手続法の規則制定に関する文言に明らかに矛盾する判断を採用し、行政機関に対して、行政手続法に規定される手続の要請を超えた義務を課しており破棄されるべきである[48]。

以下、考察に移る。

第一に、1944年スキッドモア判決（行政機関の指針）、2000年ミード判決（行政機関の規則回答）、2013年デッカー判決（時系列上、複数の異なる行政規則）を経て、2015年ペレズ判決で改めて解釈規則の変更が問題となった。1984年シェブロン判決と異なり、1944年スキッドモア、2001年ミード、そして2015年ペレズ判決は行政規則の規則制定が対審型・告知とコメント型の手続を踏まない場合、たとえば行政機関の解釈基準の変更に対審型・告知とコメント型の手続を踏むように司法府が義務づけることができるか、という点が浮上した。

裁判所よりも民主的な基盤を有する行政機関の判断が期待できるというシェブロン法理の理屈は、対審型手続を踏んだ行政手続だけでなく、告知とコメント手続を踏んで制定された行政規則にも当てはまる。規則制定手続が対審型ではなく告知とコメント手続を用いるメリットは迅速であり、そして、コメントを通じて外部の専門的評価を取り込むこともできる。司法府は、告知とコメント手続を用いる行政機関の立場を理解してきてはいた。

第二に、シェブロン2段階審査の前に行政機関の規則制定権の有無を裁判所は審理していると2001年ミード判決を理解できるのかもしれない。法文言だけでなく先例、立法史をみても行政機関の法解釈を尊重する確信を司法府が抱けない場合がある。行政機関の規則制定権限について規則制定の手続（過程）をみながら裁判所は審理している可能性がある。告知とコメント型手続による規則制定の場合、裁判所は行政機関と独立して審査し、裁判所自ら

---

[47] 29 C.F.R. 541. 203.

[48] *Paralyzed Veterans of Am. v. D.C. Arena L.P., 117 F.3d 579 (1997).*

の解釈を行政機関の解釈と代置することも許される。ただし、スカリアは、規則制定手続で尊重の程度を区別することはできないと強く主張していた。デッカー判決スカリア一部同意一部反対意見は、アウア判決の再考は今である、と述べ、アウア判決の尊重は、議会制定法というよりは行政規則に適用される、という。規則解釈において行政機関に裁判所が劣後するということにはならない。規則制定権限と法解釈権限は別物である。

　第三に、行政機関の恣意的な判断に対し、どこで歯止めをかけるのか。対審型・告知とコメント型規則制定手続を踏んでいない以上、行政機関のいたずらな解釈の変更に伴い利害関係人の信頼利益が害されるおそれが存在している。だからこそコロンビア特別地区裁判所は、行政規則の解釈変更に行政手続法の文言に存在しない告知とコメントを求めていた。

　2015年ペレズ判決は、告知とコメント手続の有無は行政手続法の文言に左右される点を強調した。行政手続法上、解釈規則に告知とコメント手続がそもそも要求されていないのだから、解釈規則の変更にあたって告知とコメント手続は不要であるという。手続の適正は、行政機関を統制するために用意されているという。

　2015年ペレズ判決の3人の個別同意意見は、いずれも行政機関が恣意的な判断に陥る危険に注目している。2015年ペレズ判決で、過去の解釈規則を信頼した当事者の保護は、行政機関の恣意の抑制の規律に劣後することになった。

　ロバーツ・コートでは2015年ペレズ判決と1997年アウア判決の整合性が問題となるだろう。1997年アウア判決は法的効力を有しない解釈規則も首尾一貫さえしていれば司法府は尊重すると判断していた。将来、恣意的で専断的な（arbitrary and capricious）裁量の逸脱基準で判断するかもしれない。

　判決の審査手法は、第5章で検討するシェブロン判決のステップ2審査と類似する。解釈の変更によって規則に対する信頼利益を侵害する、過度に曖昧であり違法であるという主張、あるいは行政機関の解釈に客観性が欠けているという立証に成功すれば、司法府は審理に動く可能性もある。また、連邦憲法上の要件である事件争訟性も問題になっている。

　最後に、本判決が検討した2009年Fox判決で、スカリア法廷意見は、行政

機関の政策変更が恣意的で専断的ではないと判断していた。従前の方針を破棄して新たな政策に変える点に納得できる理由が示される限り、政策を変更したという事実で司法府は尊重の程度を低下させないという。この争点は多数意見を構成してはいないが、行政機関が十分に納得できる理由を示すことができるのであれば、政策を自由に変更することが認められる可能性があることを示している。この説明は、行政機関の説明責任を確保する利点がある。しかし、既存の規制についての市民の信頼と予測可能性を損なう可能性がある。気候変動対策について、トランプ政権はオバマ政権とは大きく政策を変更させたが、水質浄化法といった連邦議会制定法は改正されていない。行政規則が大きく変わった場合、どの程度、司法府が尊重するのかについて、第9章で検討する。

第3章 レーンキストからロバーツにおけるステップ0の運用

　近年、レーンキスト・コート時代と比べてロバーツ・コートはシェブロン法理を首尾一貫して運用しているのか疑わしい、という評価が登場してきた[1]。そこで、ロバーツ・コートのシェブロン法理の解釈方法を分類しながら、シェブロン法理の運用を評価する。

　これらの分類は、ロバーツ・コートの立場が確定していない以上、暫定的な分析にならざるをえない。シェブロン法理の段階を踏んだ審査を検討するにあたり、それぞれの判決を通じて連邦法、行政機関の位置づけ、行政規則、解釈手法も検討していく。まず本章でステップ1に関する判例を扱い、次の章でステップ2に関する判例を検討する。判決はシェブロン法理のステップに応じて、そして時系列に並べている。そして、これらの分類はあくまで考察に必要な便宜上のものである。そして、本章での分類以外の他の分類手法を否定しようとするものではない。

　本章では、ステップ1が発動する前に司法府が判断を示す場合をステップ0として、まず、レーンキスト・コート時代のステップ1に位置づけられる判決を検討する。次に、ステップ0と、その構成要素を検討する。

1　Jack Beermann, *Chevron at the Roberts Court: Still Failing After All These Years*, 83 Fordham L. Rev. 731, 732 (2014).

1　2000年タバコ判決

2000年FDA対ブラウン&ウィリアムソン判決[2]は、レーンキスト・コート時代の判断である。ステップ1で「主要な問題」を理由にして、行政機関の法解釈を否定した。立法当時に連邦議会の意図（当時、規制の意図がなかった）、また、他の関連法規をみて、連邦法の文言を「全体として（as a whole）」解釈する方策を示した。

事案の概要

食品医薬品局（Food and Drug Administration: FDA）は、タバコやその関連製品を規制するために、「食品、薬品、化粧品に関する連邦法（Food and Cosmetic Act）」[3]に基づいて規制権限を行使しようとした。ニコチンは「薬品」であり、無煙タバコは、「製品」であるため規制権限が及ぶという。行政機関は年間40万人の死亡を生み、多くの喫煙者が未成年者時代に喫煙をはじめ、死亡の原因になっていると評価していた。この規制には未成年者の喫煙者数を減らして、将来の喫煙依存を減少させる狙いがあった。他方で、タバコ関連業界は、FDAの規制権限が連邦法上、認められないと主張していた。

判決の概要と解釈手法

オコナーが法廷意見を執筆し、レーンキスト、スカリア、ケネディ、トーマスが同調した。ブレイヤーが反対意見を執筆し、スティーブンズ、スーター、ギンズバーグが同調した。オコナー執筆法廷意見は、タバコが「薬品（drug）」に該当し、行政機関の管轄が認められるという主張を退けた。

オコナー法廷意見によれば、食品、薬品、化粧品に関する連邦法を全体としてみれば、連邦議会はタバコを行政機関の管轄から除外している意図が明らかであり、行政機関にタバコを規制する権限は認められないと判断した。

---

[2]　*FDA v. Brown & Williamson Tobacco Corp., 529 U.S. 120 (2000).*
[3]　21 U.S.C. 301 et seq.

次に考察に移る。

　第一に、シェブロンステップ1を適用したうえで行政機関の解釈を否定した。もともと行政機関が規制権限を主張してこなかったのに、タバコの規制権限を認めることは、アメリカの「政治的、経済的に重要（magnitude）な問題」が行政機関に委ねられてしまうということになる。タバコの規制は連邦議会の扱うべき問題であると述べた。「政治的、経済的に重要な問題」という条件は、次の2015年キング判決でも浮上する。しかし、キング判決はステップ0に位置づけられる。

　第二に、オコナーが行政機関の法解釈を否定した根拠を挙げてみる。シェブロン法理の発動において、オコナー法廷意見は、公益のために競合する見解を調整するのは司法府ではない、また、行政機関は、規制対象を取り巻く事実や状況に精通しているのだ、という。そして、行政機関が法解釈を通じて法の文言の隙間を埋める場合がある。けれども司法府がシェブロン法理で尊重する場合に、連邦議会が黙示の授権をしたのかどうかについて、司法府が判断をためらう場合がある、とした。さらに、法文言の明確性を審査する際に、問題となる規定だけではなく、文脈のなかから文言の曖昧性が解消される場合がある。法文言は、その文脈に従い、法律の全体の枠組みに照らして解釈される。そして、法文言は規制枠組みに一致して解釈されなければならない。

　FDAに規制権限を与える連邦議会に、1938年当時にタバコを規制する意図は認められないし、1996年までタバコを規制しようとしてこなかった。また、関連する法律をみれば、FDAの規制権限は否定される。さらに経済的、政治的な重要性が大きい場合という論理は、2014年UARG判決の手法と同じである。本件と異なり、2014年UARG判決はステップ2で行政機関の法解釈を否定している。

2　2015年キング対バーウェル判決

　2015年キング対バーウェル判決[4]は、ステップ0に位置づけられる。オバ

マケアに関する行政規則について、シェブロンを発動させなかった。しかし、行政機関の法解釈を支持している。文言を字義どおり適用すれば法目的が崩壊する場合、法全体に照らして矛盾性を解消して明確にする、また、シェブロン尊重は作動しない場合がある、という。

事案の概要

　本判決を検討する。医療保険制度改革法（患者保護および医療費負担適正化法、Patient Protection and Affordable Care Act: PPACA）が問題となった。本件で解釈が争われた法文言は、"an exchange established by *the state*"[5]である。文言どおり読むと「州の設定した健康保険取引所」と訳される。

　本件では連邦政府と州政府の提供する tax credit が問題となった。Exchange とは、民間事業者の保険を比較するものだが、連邦政府と州政府で提供されている。個人は基本的に州政府の Exchange を通じて保険に加入する。市民はさまざまな保険を比較して購入することができる。医療保険に加入したものは、内国歳入庁（IRS）から税制上の優遇措置（いわゆる控除）を受けることができる。保険加入に伴う納税額の控除を促して、オバマ政権は保険加入を促そうとした。

　本件で問題となる行政機関は合衆国保健福祉省（Health and Human Services: HHS）と IRS と加入に伴う税額控除を促す行政規則[6]である。

　法の文言の「州の設定した健康保険取引所」を忠実に読むと、「連邦政府」の設定した健康保険取引所で加入した人々は IRS から税額の控除を受けられないことになる。これではオバマ政権と連邦議会の意図した国民の保険加入の目的が崩壊する。保険加入を前進させたければ、連邦の健康保険取引所を通じて加入した人も税額控除を受けられるようにしなければならない。

　そこで行政機関 IRS は「連邦」政府の設定した健康保険取引所で加入した人々は税額控除を受けられると解釈した。「州」の文言を「連邦」と読むに

4　*King v. Burwell*, 135 S. Ct. 2480 (2015).
5　42 U.S.C. 18031 in set forth in 26 U.S.C. 36B.
6　26 C.F.R. 1. 36B-2.

は、かなりの無理があるかもしれない。

この文言が制定される経緯には、共和党と民主党の対立と連邦主義の背景が存在している。オバマケアに共和党が反対したとしても、大統領の拒否権を覆すには、両院の議員3分の2以上の賛成が必要となる。したがって、共和党は撤廃ではなく修正で妥協させようとしていた。

連邦と州で取引所が設置された根拠は、連邦政府の取組みに反対する州が存在していたためである。健康保険の取引所は州が運営している州もあるし、連邦の運営に任せている州もある。

判決の概要と解釈手法

ロバーツが法廷意見を執筆し、ケネディ、ギンズバーグ、ブレイヤー、ソトマイヨール、ケーガンが同調した。スカリアが反対意見を執筆し、トーマスとアリトーが同調した。

ロバーツ執筆の法廷意見は、文言の曖昧性を認めながらも、シェブロン法理を適用しないきわめて例外的な場合であると述べ、行政規則を適法であると判断した。本件で問題となる行政機関はHHSとIRSである。IRSの行政規則は、州あるいは連邦政府を問わず、取引所の主体とは無関係に税額控除が認められると解釈していた。

ロバーツ法廷意見によれば、行政機関は連邦議会制定法の隙間を埋める役割を担っている。しかし、連邦議会が行政機関に授権する意図があったのかどうかを認定するのが難しい場合がある。第4章で検討する2014年UARG判決によれば、その曖昧性が法の枠組みを見渡して文脈（context）から検討すれば、明らかにされる。文言ひとつを取り出せば曖昧かもしれないが、他の残りの規定をみれば明らかになる場合、法の残りの規定と一致する読み方が可能である。

法の目的を否定するような解釈は許容できず、他の部分の文言や法の枠組みから検討しなければならない[7]。UARG判決によれば、複数の文言を統一的に解釈するよりも文脈に応じた解釈が優先する場合もある。ロバーツ法廷

---

[7] *United Sav. Assn. of Tex. v. Timbers of Inwood Forest Associates, Ltd., 484 U.S. 365, 371 (1988).*

意見は、これこそが公正な読み方（fair reading）だと強調した。

以下、考察に移る。

第一に、第4章で検討する2001年ATA判決によれば、連邦議会は、曖昧な規定や、付属的な規定をもって規制枠組みの基本を変更することはない。本件で文言に忠実であろうとすれば、法の目的は崩壊してしまう[8]。法廷意見は保険市場の崩壊を負のスパイラルと表現した。

スカリア反対意見によれば、連邦法の文言が「州の設定した」市場と明確に規定しているのだから、これを「連邦および州の設定した」市場と解釈するのは誤りである。HHSは、州の機関ではない。「州の（by the State）」の文言を解釈するにあたり、1925年リンチ判決で用いた解釈法理[9]によれば、法文言を平易で、明らかな、合理的な意味で解釈しなければならない。限定的で、黙示的な意味が法の文言に発見されるのはきわめて例外的な場合である。ロバーツ法廷意見は、最も自然な読み方を無視して、文脈と構造を強調している。文脈は法の文言を書き換える口実にはならない。文言を独立して解釈するよりは全体を見渡して解釈しなければならない点はロバーツ法廷意見に同調する。立法者は、自然で、普通の意味で、文言を規定している[10]。文言の使用方法が、不自然な用い方をする場合、それを正当化する文脈としての証拠を提出しなければならない。

本件で問題となる規定の他の規定は、州の設定した場合と連邦政府の設定した場合をしっかりと区別して規定してある。立法者は法の文言のすべてに効力を与えるように規定したはずだから、司法府は法の効力を与えるように解釈しなければならない[11]。

法の文言の間で若干の矛盾があるという法廷意見に同意する。だからといって法の文言を司法府は改定しない。立法府は法の文言を一つひとつ、事案に合わせて逐一規定する必要はない。

法解釈において、法の目的だけに目を向けるだけでは足りず、他の規定に

---

[8] *New York State Dept. of Social Servs. v. Dublino, 413 U.S. 405, 419-420 (1973).*

[9] *Lynch v. Alworth-Stephens Co., 267 U.S. 364 (1925).*

[10] *Pensacola Telegraph Co. v. Western Union Telegraph Co., 96 U.S. 1 (1878).*

[11] *Montclair v. Ramsdell, 107 U.S. 147, 152 (1883).*

注目しなければならない。連邦議会が意図したように（meant to）、わざわざ司法府が解釈する必要はない。本法にはもともと欠陥が存在していた。この欠陥を修復するのは司法府ではなく[12]、連邦憲法上、連邦議会に与えられた権限である。このようにスカリアは、ロバーツらを厳しく批判し、法廷意見が文言改訂したのだから、オバマケアでなく合衆国最高裁ケアだと揶揄している。

　第二に、法文言が曖昧か明確か、の判断をする場合、シェブロン判決ステップ1が作動するはずである。しかし、2015年キング対バーウェル判決ロバーツ法廷意見はステップ1を作動させなかった。曖昧な文言を字義どおり解釈して目的を損なう場合は、法文言の曖昧性は、全体から見渡すことで解消される。ロバーツはスカリアの執筆した2014年UARG判決に言及して、スカリアに寄り添おうとしたのかもしれない。

　本件法廷意見は、シェブロン法理が作動する法文言の「曖昧性」の種類が異なるのだ、と述べている。曖昧性には、シェブロン法理が作動する場合と作動しない場合の2種類があると示しているのかもしれない。あるいは、シェブロン法理が作動するための前提条件をロバーツ法廷意見は問うているのかもしれない。2013年アーリントン判決（Arlington v. FCC）[13]のロバーツ反対意見が多数派にまわった事案として位置づけることも可能かもしれない。

　第三に、キング判決は、シェブロン法理の発動に事柄の重大性という条件を加えたことになる。シェブロン法理は、行政機関の判断を尊重する効果の発動に新たな条件が追加されたことになる。

　第9章ではトランプ政権の気候変動対策と司法府について検討する。行政規則の法解釈の尊重を司法府に求める場合、次の点をクリアしなければならない。まず行政機関は政策の変更を正当化する証拠を示して、恣意的で専断的に該当しないことを立証しなければならない。次に、シェブロン法理の発動を要請して、法解釈の尊重を懇願する。しかし、シェブロン法理に新たに

12　*Lamie v. United States Trustee, 540 U.S. 526, 542 (2004)*（いずれの場合でも建設的な解釈を避けようとするわけではない）.

13　*City of Arlington v. FCC, 133 S. Ct. 1863 (2013).*

追加された要件が尊重を発動するのかどうか明らかではない。たとえば、キング判決やUARG判決で示される「社会に対する大きな影響」が存在するのであれば、司法府が自ら判断しなければならないと乗り出すかもしれない。この追加要件は、判決の予測可能性を減じる効果がある。第5章のミシガン判決の引用するステートファーム判決では、自動車のエアバッグの安全性に関する当初の規制をレーガン政権が撤回した点が争われた。合衆国最高裁は、撤回した点を行政機関が十分に正当化できていないという。もっともレーンキスト反対意見は、政権交代は立証の一部となりえると主張していた。

　第四に、第9章で検討するが、トランプ大統領は2017年10月の大統領命令13813号でオバマケアを空洞化する措置を講じようとした。キング判決は連邦法の不備を指摘しているのだから、オバマ政権の行政規則は違法であるとトランプ政権は考えた。そこで、大統領命令を通じて、安価な医療保険が利用できる環境を整えれば、わざわざオバマケアを利用する必要は生じなくなる。オバマケアは、対象となる保険会社の保険内容を厳格に規律し、補助金を通じて医療保険の加入を促そうとしていた。トランプ大統領命令の狙いは、負担の少ない保険を利用する人を増やすことにより、オバマケアの保険市場から加入者を流出させ、オバマケアの市場を高騰化させることにあった。

第4章 ステップ1の運用

1 ステップ1の検討
2016年 FERC 判決

2016年 FERC 対電力供給連合判決は、ステップ1に位置づけられる。連邦法の電力に関する法の法文言が明確だから電力供給に関する行政規則にシェブロン尊重は使わない、という事案である。シェブロン判決の引用も少ない。

事案の概要

本判決[1]を検討する。連邦電力法[2]は、「州際通商上の卸電力の伝送と販売」を規制する権限を連邦エネルギー規制委員会（Federal Energy Regulatory Commission: FERC）に与えている[3]。連邦法は行政機関に対して州際の電気伝送のすべての価格、電気価格に「影響する（affecting）」規則や慣行のすべてを監督するよう義務づけている[4]。

卸売販売市場の競争化に伴い、行政機関は、非営利団体が国内の電力送電網を管理するよう促した。これらの電力卸売マーケット・オペレーターは、伝送網における自分の持ち分を管理し、伝送網での電力に対する信頼を確保

1　*FERC v. Elec. Power Supply Ass'n*, 136 S. Ct. 760 (2016).
2　The Federal Power Act, 16 U.S.C. 791a et seq.
3　16 U.S.C. 824(b)(1).
4　16 U.S.C. 824(b), 824d(a), 824e(a).

し、伝送網を運営する。卸売電力販売価格は、それぞれの入札を通じて決定される。この入札を通じた需要と供給の均衡を通じて、最終消費者に電力提供する LSEs（Load Serving Entities）と公益事業者の注文に応じて、発電者から電力が提供される。すべての需要が供給と一致するまで入札は続けられる。最高の入札額が供給者に支払われる。

電力使用の需要が高まると、価格は上昇し、電力提供の負担が過重になり、停電の危険が生まれてしまう。そこで、卸売マーケット・オペレーターは「デマンドレスポンス綱領（demand response program）」を作成した。デマンドレスポンスとは、突然の電力需要に対応してもなお安定した電力量と価格を実現しようとするものである。この綱領は小売市場で電力を購入している消費者に電力使用を減少させるインセンティブを高める効果を有している。

市場における需要と供給の関係では、大規模利用者、複数の電力利用者をまとめる「アグリゲーター（aggregator）」が存在している。彼らがデマンドレスポンスを通じて一般利用者の電力使用を減少させようとする。彼らの動きは卸売市場の入札に影響を与えているため、デマンドレスポンスを通じて、最終的な電力の利用者が使用を控えることで利用者の負担する金額が低くなれば、卸売販売価格は下落し、送電網の信頼性を高めることができる。

卸売マーケット・オペレーターはデマンドレスポンス綱領を市場で利用し、行政機関はその利用を認めた。連邦議会は、デマンドレスポンスをその後、奨励した。

本法は、州際通商並びに卸売販売に関連する公益事業の要請するすべての相場と価格を統制している。これらの価格は「公正で合理的（fair and reasonable）」[5]でなければならない。基準を満たさない場合、行政機関は調整する義務を負う[6]。

本連邦法は連邦行政機関に規制権限を付与し、州の排他的な管轄とも関係している[7]。卸売販売を規制する権限を連邦行政機関に付与する条文の下位

5　16 U.S.C. 824d(a).
6　16 U.S.C. 824e(a).
7　16 U.S.C. 824(b)(1).

の項は、「それ以外（any other sale）」の電力の販売に適用しない、と規定している。連邦行政機関は、たとえば消費者に直接販売するような州内にとどまるだけの卸売販売や小売販売を規制することはできない。州の公益事業委員会が州内の販売契約を監督する責任を負う。

　2011年に行政機関は、行政規則を通じて[8]「公正で合理的な」卸売販売相場を維持する目的で、需要者の参加を卸販売市場に効果的に反映させるため、マーケット・オペレーターがデマンドレスポンス・プロバイダーに補償するよう命じた[9]。デマンドレスポンス・プロバイダーは、家庭や大口の利用者をまとめて電力の購入を交渉する。デマンドレスポンス・オペレーターは節電できた電力を、発電者が生産する価格を基準に算定した金額を発電者から受領する。ただし、これら利用者の小売販売を監督する州の公益委員会がデマンドレスポンスを禁止している場合は除外される。

　発電者に支払われる料金と同額の地域別限界価格（locational marginal price）をデマンドレスポンス・プロバイダーが受領するために二つの条件が必要とされる。第一に、実際に電力使用量を減少させ、追加的な電力使用を控えることができなければならない。第二に、デマンドレスポンスに対する地域別限界価格は、費用効果的で、純便益の基準で算定する。純便益の基準は、さらに低価格のデマンドレスポンスの入札を受け入れることで、LSEsの負担を軽減している。

　LSEsは、電力使用の需要を予測し、必要となる電力量を購入するために入札を行う。しかし、予測どおりに実際の需要量が動かないこともある。需要と供給の過不足を調整しなければならない。予測どおりにいかなかった負担を算定するために、純便益の基準を用いて地域別限界価格で調整する。

　競争市場を促す行政機関の権限と公正で差別しない相場を維持する文言が矛盾しているという解釈も可能である。あるいは、行政機関が直接、小売市場を規制する権限は存在しないことを根拠にして裁判所が行政規則を破棄す

---

[8]　18 C.F.R. 35.28(g)(1)(v).
[9]　*Id.* 行政規則制定にあたり告知とコメント手続を踏んでいる。この規則制定にかかる行政機関の決定が争われた。

ることも可能である。

判決の概要と解釈手法

ケーガンが法廷意見を執筆した。スカリアが反対意見を執筆し、トーマスが同調した。アリトーは審理に参加していない。行政機関の権限が明確ゆえにシェブロン判決を適用しないと法廷意見の脚注[10]で触れられている。

第一に、本件で問題となる行政規則とその運用は、卸売販売市場の相場に直接影響を与える。第二に、行政機関は小売市場の販売を規制していない。これらを合わせてみれば、連邦法の明確な文言を行政規則は遵守している。第三に、デマンドレスポンスで補償することを認めない解釈は連邦法の目的を破綻させる。

本件で問題となる連邦法は、行政機関に権限と義務を付与して、公正で合理的な卸売販売市場の相場に影響を与える規則や実践を確保するように求めている。この権限が無限界に拡大しないように、規則や実践の管轄に「影響を与える（affecting）」の文言を、卸売販売市場に「直接」影響を与えると解釈した。

卸売市場のデマンドレスポンスは、卸売販売市場の割合を減少させる。これらのデマンドレスポンスの運用を決定する行政規則や実践にも影響を及ぼす。デマンドレスポンスを通じた補償は卸売販売市場の電力価格を引き下げるだろう。

本件行政規則は、法の文言[11]と矛盾しない。卸売市場と小売市場は密接に関連しており、卸売市場で発生する契約、卸売市場の改善は、当然に小売市場の段階にも影響するが、本行政規則は卸売市場を排他的に統制しているにすぎない。デマンドレスポンスは卸売市場の改善のために用いられている。

行政機関の規制権限を否定することは、過度な価格上昇を禁止し、効果的な伝送を確保するという本法の目的を阻害するものである。

相場が公正かつ合理的でなく、連邦法の基準[12]に抵触していると行政機関

10　*FERC*, at 773, n5.
11　16 U.S.C. 824(b).

が判断すれば、適正な相場を決定する。恣意的で不合理であるかどうかの審査基準は限定されている。行政機関の判断が最善かどうか、ほかにさらに優れた方策があるかどうかを司法府は審理しない。考慮すべき要素を審査し、その判断の根拠を説明できれば足りる。

本件では、純便益の基準と異なる基準が提案されていた。純便益基準を採用し、LMP-G 基準は採用しない。LMP-G (LMP minus G、G とは電力の小売価格を意味する) では、LMP から小売市場で電力を購入せず、消費者が節電できた量を差し引いて算定する。

本件で行政機関はその判断に至る理由を詳細に示しており、LMP を選択した根拠と、これに対抗する方策に対して十分に対応している。行政機関の詳細な争点に対する判断を恣意的で不合理であるとは認定できない。

スカリア反対意見は、行政機関の越権を指摘している。彼は「影響を与える」の文言についての行政機関の権限を認めている点、また、行政機関の権限を無限界に拡大する点を警戒する点でも法廷意見に同調する。「直接、影響を与える」の法廷意見の解釈についても合理的であると判断している。スカリアによれば本件の法文言が明確である以上、シェブロン尊重は妥当しない。

しかし、スカリア反対意見は、ケーガン法廷意見に次の点で同調できないという。管轄に「影響を与える」という法文言に存在しない限界を設定するのは補足的な理由づけにすぎず、そもそも法の文言と構造に含まれているはずである。

まずなによりも行政規則が「卸市場の (at wholesale)」販売を規制しているかどうか、を判断しなければならない。卸市場でない「それ以外の他の電力の販売 (any other sale of electric energy)」について連邦行政機関の規制を禁止している。本件では連邦行政機関の規制権限の範囲を審理しなければならない。ケーガン法廷意見によれば、小売販売の契約が立証されないかぎり、あらゆる電力販売を行政機関の規制権限内に入れてしまっている。しかし、そもそもあらゆるエネルギー販売についての連邦行政機関の管轄を否定したうえで、

12　16 U.S.C. 824d(a).

卸市場の販売が例外的に認められているはずである。

行政機関の定義するデマンドレスポンスは小売販売者ではなく、「電力を購入した者」に向けられている。したがって、本件の文言を読めば、契約の発生した「市場」ではなく、電力を購入した「者」という主体を基準に市場を判定しなければならない。制定法の文言に矛盾をきたすような解釈は採用できない[13]。

連邦議会で包括的な連邦法を制定する場合、その権限の範囲を確定しないことは容易に想定できる。立法史に注目する解釈ですら、その権限を無制限には認めないであろう。法廷意見のような勝手な解釈で結論を導くなど聞いたことがない。

小売電力の購入者に対する販売が小売市場の販売を規制していると行政機関が自ら認めてしまったにもかかわらず、法廷意見はその点を見落としている。法廷意見は法の文言から行政機関の権限を認めているが、そもそもこの文言は卸市場の価格と相場を公正で合理的に確保する行政機関の義務を規定したにすぎない。

以下、考察に移る。

第一に、2016年FERC判決はシェブロン判決を作動させなかった。ケーガン法廷意見によれば、行政機関の権限は明確であり、行政機関の解釈がシェブロン尊重に値するかどうかという判断は不要である。きわめて法文言の忠実な解釈を重んじるスカリア反対意見も、本法の文言が明確である点は法廷意見に同調している。

1978年に、公益事業規制政策法により発電事業者が卸売販売市場に新規参入することができるようになった。その後、さまざまな競争原理が導入されてきた。

第二に、連邦主義の問題が関係している。連邦法に基づき、州際を超える電力の提供を統制する権限を連邦行政機関に委ねた。しかし、州の主権を侵害することは合衆国連邦憲法上許されないので、連邦法では州の権限も留保しておいた。たとえば消費者に直接販売するような州内にとどまるだけの卸

---

13 *Shapiro v. McManus*, 136 S. Ct. 450 (2015).

売販売や小売販売を連邦行政機関は規制することはできない。州の公益事業委員会が州内の販売契約を監督する責任を負う。この連邦主義でケーガンとスカリアは分岐した。

　第三に、行政規則を裁判所が尊重する場合に、あえてシェブロン判決を持ち出す必要はない。文言の明確性を簡単に支持してしまえば足りる。スカリアもケーガンも、シェブロン判決を作動させない点で一致している。本判決は、行政機関の判断を尊重する根拠はシェブロン判決だけではないことを示している。

2　2001年 ATA 判決

　2001年 ATA 判決[14]は、ステップ1が発動された事案である。文言が曖昧な場合は周囲の文脈から意味が確定され、連邦議会の制定した法文言の付属的な規定で、規制枠組みを根底から覆すことはできないという。そして、連邦憲法の立法権に注目し、そして費用便益分析を否定した事案である。

事案の概要

　本件を検討する。本件はシェブロンステップ1に分類される。レーンキスト・コート時代の判決で、ロバーツ・コートの扱う判決で先例として大きな価値をもつ判決である。

　大気浄化法は、全国大気質基準（National Ambient Air Quality Standards: 以下、NAAQS）を設定する権限[15]を行政機関に付与している。それぞれの大気汚染物質に大気質基準（air quality criteria）[16]を設定している。NAAQS は、1970年の大気浄化法の改正によって大気汚染規制の目標値として位置づけられる。全国大気質基準は次の特徴をもつ。第一に、全国統一の連邦基準として適用さ

14　*Whitman v. Am. Trucking Ass'ns, 531 U.S. 457 (2001).*
15　42 U.S.C. 7409(a).
16　42 U.S.C. 7408.

れ、地域ごとの規制を認めない。第二に、大気、すなわち戸外について適用され、建築物内の大気には及ばない。第三に、大気全体の質の基準として設計されたもので、個々の汚染源には直接適用されない。最後に、制定法上示された期日までに達成されるべきことが明記されている。EPA は、汚染物質によって引き起こされる健康への影響の質と深刻度、健康状態を示す証拠、規制計算の不確実性の質と程度、大気汚染物質のリスクにさらされる人口の規模と質を評価する義務を負う。

　本件で問題となる大気浄化法の規定109条[17]は、公衆の健康を十分な余裕をもって保護するために必須の達成維持（are requisite to protect the public health）のための大気の質基準を設定するように行政機関に指示している。

　本件で問題となる行政機関の設定した基準[18]は、5 年ごとに定期的に見直される[19]。オゾンと PM を含めた全国大気質基準に行政機関は改定した。改定された全国大気質基準の実施にかかる行政機関の解釈は裁判所の審理の対象となるか、が問題となった。

判決の概要と解釈手法

　スカリアが法廷意見を執筆し、レーンキスト、オコナー、ケネディ、トーマス、ギンズバーグが同調した。スティーブンズとスーターは一部同調した。

　本件で問題となる規定は全国大気質基準を設定する際に経済的な分析を禁止している。大気浄化法が立法権を行政機関に付与したかどうか、という判断は、議会制定法がなにを付与したか、という判断を意味する。本件で問題となる規定は、「公衆の健康を十分な余裕」をもって保護するという目的を「達成し、維持する」ための全国大気質基準を設定するように行政機関に指示している。

　行政機関は、技術的な基準で測った健康に対する影響をもとに、他の規

---

[17] 42 U.S.C. 7409(b)(1).
[18] 40 C.F.R. 50.9, 50.10（オゾンについて）. 40 C.F.R. 50.7（PM について）.
[19] 42 U.S.C. 7409(a).

定[20]を遵守しながら、公衆の健康が耐えられる、大気に放出される汚染物質の最大量を確認し、十分な安全性を確保し、できるだけ濃度を減少させる基準を設定する。

　法文言を解釈するにあたり、複数の意味を有している文言は、その前後の状況（surrounding）に従って意味が確定される[21]。

　もし固定発生源の運用が公衆の健康や福祉に不可欠でありながら、十分な統制措置が利用不可能である場合、固定発生源の遵守期限を放棄することを行政機関に認める規定110(f)(1)条も存在する。

　大気浄化法の規定のうち、大気質基準を実施するにあたって経済的負担を評価するように求め、あるいは許容している規定111(b)(1)(B)条もある。たとえば、本規定は、排出量減少の最善の枠組みを行政機関が適切に立証できる場合に新規発生源の基準を達成する遂行基準を設定している。

　自動車の排出基準に関する規定202(a)(2)条は、必須となる技術の発展と適用を許可するために必要だと判断される期間を経てはじめて効力を発する。その際、期間内での遵守に必要な費用が評価されている。連邦議会は、曖昧な文言や付属的な規定で規制枠組みの基本的詳細を変更しない[22]。

　連邦議会が高度に重要な争点を手つかずにしたことは考えられず、その解決を行政機関に委ねたものと理解され、曖昧性の存在の判断にあたって考慮されるべき要素のひとつとなる。

　大気浄化法は、どの発生源からどの物質を減少させるかを決定する主たる責任を負う[23]。州の実施計画の策定前に、経済的そして技術の実行可能性を評価する。連邦法である大気浄化法は、連邦行政機関に対して、費用の情報を含めて実施情報を州に渡すように命じている。

　憲法上の疑義が存在している場合、利用可能な法文言の合理的な解釈を裁

---

[20] 42 U.S.C. 7408(a)(2).

[21] *FDA v. Brown & Williamson Tobacco Corp., 529 U.S. 120, 132-133 (2000). Jones v. United States, 527 U. S. 373, 389 (1999).*

[22] *MCI Telcoms. Corp. v. AT&T, 512 U.S. 218, 231 (1994). FDA v. Brown & Williamson Tobacco Corp., at 159-160*（象をネズミの巣に隠さない）.

[23] 42 U.S.C. 7407(a), 7410.

判所は選択できる[24]。

　法的、そして歴史的な文脈（context）に合わせて、全体として大気浄化法の重要性を理解したうえで109条を解釈すれば、全国大気質基準を設定するにあたって費用の評価は禁止されていると読むことができる。そして同条によれば、行政機関は、公衆の健康を保護するに必須で、十分な余裕を確保した基準となる文書[25]に基づいて大気質基準を設定している。

　委任についての争いは、連邦議会が立法権を行政機関に対して委任したかどうかという憲法上の争点である。合衆国連邦憲法は連邦議会に立法権を付与している。その文言には、立法権を他機関に付与する明文の規定はない。もし行政機関に決定権限を付与する場合は、連邦議会は立法を通じて委任した機関が従うべき指針を示さなければならない。

　立法権の授権が違法だった場合、法解釈を限定する裁量を通じて行政機関が違法性を治癒できると合衆国最高裁が示したことはいまだかつてない。連邦法を通じて行政機関に対して立法権の付与が司法府で審理されている際、行政機関が、その規制権限を行使しないこと（自発的な自己否定：voluntary self-denial）は、なんら答えとならない。109(b)(1)条は、個々の一連の汚染物質を設定し、最新の科学的知識を反映した大気の質基準を公表している。行政機関は、大気中の汚染物質の否定的な影響から公衆の健康を保護するために必要な全国統一の基準を設定しなければならない。

　行政機関の裁量の程度は、連邦議会の付与した権限の範囲に左右される。委任の目的、一定程度の裁量、一定程度の立法権は行政府、司法府に内在している。109(b)(1)条は、「必須（requisite）」の基準であり、必要以上でも以下でもない。

　未達成地域における追加的な制限[26]は、全国大気質基準の存在する、すべての汚染物質に関係する未達成地域の一般的規制を含んでいる。それぞれは、特定汚染物質に適合した規則が含まれている。オゾンについての規制も

---

[24] Miller v. French, 530 U.S. 327, 341 (2000). Pennsylvania Dept. of Corrections v. Yeskey, 524 U.S. 206, 212 (1998).

[25] 42 U.S.C. 7409(b)(1).

[26] 42 U.S.C. 7501-7515. Subpart 1, 7501-7509a.

追加された[27]。

　大気浄化法は、「最終的な行為（final action）」に全国に適用可能な規制について管轄を与えた[28]。「最終的な行為」の文言は、行政手続法の307(b)(1)条と同じ意味を有している。この行為（action）は、行政機関の権限行使のいかなる態様をも意味するのではなく、行政機関の意思決定過程が完了し、審査対象となるように要請されている。

　法の文言が特定の争点について「沈黙している、あるいは曖昧」な場合、裁判所は行政機関の合理的な解釈を支持しなければならない。分類のためにすべての未達成地域をひとつの項目に入れて、オゾンも未達成地域の基準に指定される[29]のであれば、最初の指定時でなければならない。いったん地域が分類されてしまえば、オゾンの基準達成の日はできるだけ迅速に、そして実行可能でなければならず、遅くとも表に記載されている日程になるだろう。

　地域の分類を規定している条文は、1989年時の達成であり、その後、未達成地域に入れられた。未達成地域の分類を行政機関に認めている[30]が、他方で、表中の法律問題として地域を分類している。達成日を12年間にわたって延長する裁量が行政機関に認められ、2年を限度に延長が認められている。

　以下、考察に移る。

　第一に、1984年シェブロン判決の当時と異なり、気候変動が世界的に問題視されるようになり、オゾン破壊という新しい問題が浮上してきた。この判断が最終的に2007年マサチューセッツ判決でロバーツ・コートの審理するところとなる。

　第二に、司法府の救済が問題となった。行政規則の発動前に司法審査することが認められるかどうかが審理された。大気浄化法の規定[31]に従い、特別な司法審査、いわゆるプレエンフォースメントレビューが適用される。これ

27　42 U.S.C. 7511-7511f.
28　42 U.S.C. 7607(b)(1).
29　42 U.S.C. 7511(a)(1).
30　42 U.S.C. 7502(a)(1), 7511(a)(1).
31　42 U.S.C. 7607(b).

は、行政手続法上の審査で通常必要とされる具体的な影響が発生する前に司法審査が作動することを特別に認めている。

第三に、2001年ATA判決スカリア法廷意見は、大気浄化法109条の文言は費用便益分析について言及していないが、解釈を通じて行政機関に対して費用便益分析を禁止していると結論づけた。その際の法文言は「必須（requisite）」であり、根拠は「文脈（context）」である。法の文言が行政機関に費用便益分析に直接触れていない場合は、概して費用便益分析が禁止されることになる。しかし、本件の彼の判断が、2009年エンタージ判決で争われることになる。

3　2007年マサチューセッツ判決

2007年マサチューセッツ州対EPA判決は、ステップ1が発動した事案である。地球温暖化に伴う大気浄化法の「大気汚染物質」に関する行政規則の解釈変更にシェブロン尊重が作動する、とした。字義どおりの解釈で法廷意見と反対意見が分岐した。さらに、ここでは連邦法の文言についての行政機関の解釈の変更、そして大統領の交代に伴う一般的な政策表明の変更に触れておく必要がある。

事案の概要

1998年ビル・クリントン政権下のEPAは、次のメモランダムを出した[32]。発電所から排出される二酸化炭素同様、自動車から排出される二酸化炭素も大気浄化法7521条[33]の規制対象となるが、行政機関は規制権限を行使してこなかった。

本規定は次のように規定する。

---

[32] 68 Fed. Reg. 52922, 52924. See also, Carol M. Browner, EPA Administrator（Apr. 10, 1998）, available at 〈http://elc.law.umaryland.edu/pdf/EPACO2memo1.pdf〉.

[33] 42 U.S.C. 7521(a)(1).

行政機関は「その判断において、他州の健康及び福祉を危機にさらすと合理的に予想されるかもしれない大気汚染（air pollution）を引き起こし、または寄与する」自動車両及び自動車両エンジンから排出される「なんらかの大気汚染物質（any air pollutant）」につき規制基準を設定しなければならない。1998年の行政機関の解釈によれば、二酸化炭素は同条に定める「大気汚染物質」に該当するという。

　しかし、ジョージ・W・ブッシュ政権は、行政機関の解釈を転換させた。2003年に行政機関は、次の理由から自動車から排出される二酸化炭素は同条の予定する規制対象に該当しないと判断した[34]。

　第一に、1990年に大気浄化法が改正された際、行政機関は固定発生源である発電所に対して規制するように明示的に命じられている。また、大気浄化法は、成層圏のオゾンを縮小させる地球温暖化物質を決定するように要請している。しかし、移動発生源である自動車からの排気ガスについては法文言に明示されていない。

　第二に、大気浄化法は行政機関に対して、大気汚染を防止する「規制以外の戦略及び技術」を展開することを命じている。「規制以外の戦略」とは、発電所からの二酸化炭素を含め、汚染物質を減少するために用意される既存の規制以外の戦略をいう。自動車からの排気ガスは「規制以外の戦略」に該当する。

　第三に、大気浄化法は窒素酸化物、硫黄酸化物、一酸化炭素、PMを「汚染物質」として示しているが、二酸化炭素は含まれていない。もし自動車から廃棄される二酸化炭素を規制対象にするのならば連邦議会は明示していたであろう。

　第四に、全国大気質基準は、温暖化に対応するためには適切なものとはいえない。なぜなら全国大気質基準は米国内の統一的な基準だが、二酸化炭素は米国を越えて排出され、同質化するからである。

　EPAは、新規自動車に対する規則制定の申立てを却下した。これが争われたのが本件である。本件の争点は二つである。

34　68 Fed. Reg. 52922, 52924.

第一に、大気浄化法の法文言の「大気汚染物質」に温室効果ガス（Greenhouse Gas: GHG）が含まれるのか。ブッシュ政権は、GHG は「大気汚染物質」に該当しないから規制する必要はない、仮に該当している場合でも、規制する必要はなく、国際交渉のほうが優れている、という立場をとった。

　第二に、マサチューセッツ州に原告適格が認められるのか。私人である当事者ではなく、温暖化によって害悪をこうむる州民を保護するために州に原告適格を認められるか。マサチューセッツ州などの沿岸部の州は、連邦政府が移動発生源を「大気汚染物質」に含まないと解釈しているかぎり、温暖化に伴う海面上昇で損害を被り続けることになる。

判決の概要と解釈手法

　スティーブンズの執筆した法廷意見は行政機関の主張を退けた。ケネディ、スーター、ギンズバーグ、ブレイヤーが同調した。ロバーツが反対意見を執筆し、スカリア、トーマス、アリトーが同調した。スカリアは反対意見を執筆し、これにロバーツ、トーマス、アリトーが同調した。

　GHG は二酸化炭素、メタン、亜酸化窒素、ハイドロフルオロカーボンなど複数の物質から構成されている。GHG の発生量は二酸化炭素を基準にして測定され、温暖化の影響が算定されている。

　温暖化の原因は人為的である。GHG を規制すれば気候変動に歯止めをつけられるか、という争点は大気浄化法の文言から読みとることができ、行政機関の規制権限が認められる。行政機関だけが因果関係の科学的争点を考慮できる以上、裁判所は行政機関の専門的な判断を尊重する。

　シェブロン判決に従い、GHG に対して規制権限を有する行政機関は、複数の選択肢のいずれを採用するか、という裁量権が認められる。本件の行政機関の解釈は、大気浄化法の文言に明らかに矛盾しており、許されない。

　行政機関は一度に大きな社会問題を解決するように求められない。通常、一歩一歩経験をふまえながら方策を変えていくものである。裁判所が行政機関に規制権限を認め、これを行政機関が行使することで、温暖化の進行を遅らせるという救済を与えることができる。

　マサチューセッツ州には原告適格が認められる。原告に現実の損害が認め

られ、損害は被告の行為に起因しており、裁判所の救済で解決可能だからである。気候変動によって、山脈の氷河の後退、冠雪の縮小、河川の雪解けの加速、海面上昇など深刻な損害が発生している。マサチューセッツ州は、沿岸部対策の対応に財政上の負担を負っている。

次に考察に移る。

第一に、第3章で検討した2000年タバコ判決（ステップ1）と本件の違いは、公衆の健康を脅かす大気汚染物質を規制する行政機関の気候変動に対する連邦議会の取組みを容易に読みとることができるかという点である。

第二に、2003年に行政機関は大きく解釈を転換した。もちろんブッシュ政権下の各行政機関においてGHGに対する規制のすべてが停止したわけではない。各州も、州法を通じて大気汚染とりわけ自動車からの排気ガスの問題に取り組みはじめていた。連邦規制である大気浄化法にはひとつの例外[35]があり、各州のなかで唯一、カリフォルニア州は連邦主義の制約を受けない。各州はカリフォルニア州の規制方式と連邦方式のどちらかを選択することが許される。シェブロン法理には連邦主義の観点が絡むことがある。

第三に、クリントンからブッシュ大統領に政権が交代したことで、気候変動に対する連邦政府の見解が変わった。そのため行政機関は大気浄化法の文言の解釈を変更するかどうか、の選択に迫られることになった。

第四に、2007年マサチューセッツ判決は、「なんらかの大気汚染物質」の定義のなかにGHGが含まれることを明らかにした。行政機関は、大気浄化法の文言の複数の解釈のうちのひとつ（「なんらかの大気汚染物質」からGHGを除外する）を提案したが、法廷意見は、行政機関の解釈を退けた。

第五に、法廷意見によれば、大気浄化法は、行政機関に「人間の健康に対する害悪」を避けるための安全な基準を設定するように求めている。しかし、GHGに対して行政機関の規制権限は認められるけれども、複数の方策のうちどれを採用するかは、行政機関の判断に委ねられると述べている。

---

[35] 連邦法の規制が1965年に始まる以前からカリフォルニア州は自動車排気ガスを規制したはじめての州である。カリフォルニア州大気資源局（California Air Resources Board: CARB）が自動車からの排気ガス基準を設定する。

第六に、スカリア反対意見は大気浄化法の文言を字義どおりに解釈すべきだと述べた。スカリアによれば、行政機関の判断が適切であるかどうかを裁判所が判断するためには、まず大気浄化法の法文言を検討しなければならない。「大気汚染物質」と異なり、「大気汚染」は本法で明確に定義されていない。法廷意見の「大気汚染物質」の解釈は、あらゆる大気中の浮遊物質を含むことになってしまう。GHGの大気中の濃度それ自体が「大気汚染」であるとは認められないという。

第七に、ロバーツ反対意見[36]は、原告適格を否定した。司法府は、シェブロン法理を用いる前に原告適格を否定することで行政機関の法解釈についての審理を回避することができる。連邦憲法上の要件である原告適格において、広く共有される負担について事実上の損害が存在しない場合、本案審理の申立てを拒否する根拠となる。この2007年マサチューセッツ判決でロバーツ反対意見が指摘していた点は、2013年アーリントン判決ロバーツ反対意見と合わせて考察する必要がある。

最後に、本件では、行政機関が規則制定権限を行使しなかったことが争われた。裁量の余地のない行為を行政機関が行使していないという理由で大気浄化法[37]の市民訴訟を通じて争われ、裁判管轄が認められた[38]。

大気浄化法が予想していなかった地球の温暖化という問題を行政規則制定手続を通じて規制可能か、行政機関の一般的な政策表明にも簡単に触れておく必要があろう。行政機関の一般的な政策表明はあくまで新たな一般的な政策表明が出されるまでの暫定的な見解であって、将来に再考される可能性があり、終局性を有していない。告知コメント手続を踏まず、法的拘束力を有していない。単なる行政機関の一般的な政策表明は、司法府が原告適格を否定する根拠となる。

行政機関は将来にわたり行政機関が裁量をどのように行使していくのかを宣言する一般的な政策表明が可能である。次の二つの場合に一般的な政策表

36　*MA v. EPA*, at 535 (Roberts, C.J., dissenting).
37　42 U.S.C. 7521(a)(1).
38　規則制定の申立てを拒否した点で「最終性」を有すると判断した。*MA v. EPA, 415 F.3d 50, 53-54 (D.C. Cir. 2006)*.

明が用いられる。

　第一に、行政機関がなんらかの調査を実施したり、なんらかの行為を執行したりする場合である。

　第二に、一定の状況で、なんらかの行政裁決を行うかの指針を示す場合である。一般的な政策表明は、内部については行政機関に対して、外部に対しては規制対象となる個人に指針を示す効果を有している。

　司法府は立法規則と比べると、行政が将来になんらかの決定を下すまでの一般的な政策表明を尊重する傾向がある。行政機関からみれば、立法規則よりも一般的な政策表明のほうが負担は軽く、使いやすい。告知とコメント手続を用いずに一般的な政策表明を通じて私人の行為を規制しようとすると、それを争う時間と手間は、事実上、一般市民の側が負うことになる。

　立法規則と一般的な政策表明とを区別する基準は、将来にわたり法的拘束力を有する法的規範を設定しているかどうかである。将来に向けた法的効果を有する場合は、告知とコメント手続を踏んだ立法規則と一般的な政策表明との区別がつかなくなる。司法府は、行政機関が一般的な政策表明を口実にしていないかを警戒しなければならなくなる。

　告知とコメント手続の抜け道については、2015年ペレズ判決でも検討した。

4　2014年スキャラバ判決

　スキャラバ判決[39]を検討する。移民についての行政機関の解釈がシェブロン尊重を発動する曖昧性の種類とは異なる、とした事案である。本判決は、ステップ1に分類できる。合衆国最高裁は、法文言の曖昧性を認めて行政機関の法解釈を支持した。

---

[39] *Scialabba v. De Osorio*, 134 S. Ct. 2191 (2014).

事案の概要

　アメリカに違法に入国した者は違法入国者として国外退去しなければならない。違法入国者の子どもの強制退去を防ぐためのいわゆる DREAM 法 (Development, Relief, and Education for Alien Minors Act) の制定は連邦議会で滞った。オバマ政権は国土安全保障長官に対して、特定の条件を満たした場合の国外退去を延長するように命じていた。

　本件で問題となる連邦法である移民と国籍法 (Immigration and Nationality Act: INA) の規定[40]では、家族移民ビザの申請者である「主たる受益者」が合法的な永住市民 (lawful permanent resident: LPR) となった場合[41]、その子どもの地位が問題となった。合法的な永住市民の家族は、一定の血縁関係に限り認められ、スポンサーをもつ主たる受益者として、家族移民ビザの枠に入れられる。

　この申請は米国市民移民局への申請先着順[42]で書類審査[43]され、インタビューが実施される。通常、主たる受益者とその子どもに対し、連続して順番にインタビューを実施する。まず、「主たる受益者」のビザ資格を判断する。そして、資格が認められる場合、次に未成年者である子どもの「派生的な受益者」を審査する[44]。審査を通過したとしても、一定の期間内にアメリカに入国しなければならず、入国してはじめて合法的な永住市民としての資格を得る[45]。もし主たる受益者が一定期間に入国できず、その資格認定を失う場合、派生的な受益者の資格も喪失する[46]。

　未成年者である子どもは「派生的な受益者」として申請されている。たとえば、申請者の配偶者、兄弟、子どもといった一定の範囲の家族が申請でき

---

[40] 8 U.S.C. 1153(h)(3).

[41] 8 C.F.R. 204.1(a)(1) (2014)（スポンサーとなる米国市民あるいは合法的な永住市民が外国人の家族を代表して家族基準のビザを米国市民移民局に申請する。これを主たる受益者と呼ぶ）。

[42] 22 C.F.R. 42.53(a) (2013)（行政機関への提出日を申請日とする）. 8 C.F.R. 245.1(g)(1); 22 C.F.R. 42.51(b)（ビザの定員枠に合わせて、枠を超えた申請を却下する。それぞれのビザの種類に応じて却下する）。

[43] 8 C.F.R. 204.2(a)(2), (d)(2), (g)(2). 家族関係を証明する証拠の提出が求められる。

[44] 22 C.F.R. 40.1(a)(2), 42.62, 42.81(a).

[45] ただし国境での認定という例外も存在する。22 C.F.R. 40.1(a)(2).

[46] 8 U.S.C. 1153(d).

る。主たる受益者の子ども（派生的な受益者）は、合法的な永住市民の申請前後で救済される可能性がある。しかし、合法永住市民の甥、姪は、当初の資格を喪失することになり、救済されない。

申請の処理に時間がかかり、未成年者としての年齢21歳を超えてしまう場合[47]がある。これを救済するために、「子どもの地位を守る法（Child Status Protection Act）」[48]は、一定の例外的扱いを認めていた[49]。自動的に移送された申請者は、そのビザの種類に応じて申請は当初の申請時の先着順で処理される。

司法省の移民審査委員会（Board of Immigration Appeals: BIA）である行政機関が他の別の範疇に自動的に移送した場合に、当初の申請時に合わせる[50]べきか、それとも、新たな申請日時に合わせるべきかについて、法文言[51]は明らかではなかった。21歳に達した子どものうち、新しいスポンサーを必要としない場合に限り、自動的に別の範疇に移動させる、という解釈は可能である。また、21歳に達したすべての子ども（Age out）を、申請時の先着順に応じて別の範疇に自動的に移送する、という解釈も可能である。

判決の概要と解釈手法

ケーガンが法廷意見を執筆し、ケネディとギンズバーグが同調した。合衆国最高裁は、シェブロン法理を採用した。5対4の判断で原審を破棄、差し戻した。ロバーツが同意意見を執筆し、スカリアが結論に同意した。アリトーは反対意見を執筆した。ソトマイヨール執筆の反対意見に、ブレイヤーが同調、トーマスも一部同調した。

異なる命令を調和させる行政機関の裁量を認める2007年ワイルドライフ判決（次章で検討）に従い、新しいスポンサーの申請を要求する場合には、家族

---

[47] 8 U.S.C. 1153(h).
[48] 116 Stat. 927.
[49] 8 U.S.C. 1153(h)(1)-(2).
[50] 8 C.F.R. 204.2(i)（特定の事案の発生で自動的に移送する場合）．8 C.F.R. 204.2(a)(4)（申請者が合法的な永住市民の資格を取得した場合、申請者の子ども〔派生的受益者〕の保留〔retention〕）．
[51] 8 U.S.C. 1153(h)(3).

優先枠から他の範疇に自動的に移動しない、という行政機関の解釈は合理的である。申請者が「主たる受益者」で家族がスポンサーとなる場合、申請者は合法的な永住市民にならないかぎり、自らがスポンサーとなって自分の子どもについて申請できない。

　問題となる規定は、行政機関に対して、その解釈を通じて文言を調和させるように命じている。本規定の「ともに（and）」の文言は、先着順による恩恵は、自動移送と別個独立して判断すべき解釈を示していると市民権を獲得できた者は主張している。しかし、「ともに」を必ずしも二つの文言を分離して解釈することはない。文脈（context）によれば、分離するのではなく、並列して（in tandem）解釈すべきことを示している。他の規定をみても、自動移送の要件が発生した場合、条件つきで先着順にする、と規定している。自動移送された場合にすべて当初の申請時に応じるという点は、他の規定に見当たらない。

　行政機関の選んだ解釈は不合理であるとは認められない。先着順で処理するという行政上簡便な手続に従ったにすぎない。21歳に達した子どもについて議会の設定した例外的扱いを行政機関が混乱させることはできない。

　以下、考察に移る。

　第一に、連邦議会の意思決定の難航に伴う大統領命令による解決が問題になった。

　第二に、法廷意見によれば、仮にひとつの法解釈を採用すれば、他の解釈と矛盾する可能性が生じることがある。この緊張を解消するために、どこかで帳尻を合わせようとする。この仕事は行政機関に委ねられていると、法廷意見はシェブロン法理から導き出そうとした。他方で、ロバーツ同意意見は、行政機関の解釈は合理的であるという法廷意見の結論には同調した。が、行政機関が直接、矛盾する規定の調和を図る権限を有する点を根拠にして行政機関の解釈を合理的と認めるのではない、と述べた。ロバーツは、同規定になんら矛盾は存在しない、と判断した。

　ロバーツ首席裁判官の結論同意意見にスカリアが同調し、アリトーは反対意見を述べた。彼ら3名は共通して、法文言が矛盾しているのならば、そもそもシェブロン判決やワイルドライフ判決は適用されないと考える。ロバー

ツによれば、二つの規定が直接、矛盾しているのであれば、それはもはや曖昧とはいえず、法の解釈で解決するものではなく立法者が選択すべき問題である。このように考えたとしてもワイルドライフ判決とは矛盾しない。ワイルドライフ判決は異なる問題を扱うための二つの法律の解釈が問題になっているか、そして、その法律が一見すると矛盾している場合であった。ワイルドライフ判決は二つの法律を調和するように解釈する行政機関の判断を尊重するというものである。その根拠は、ひとつの法律が他方の法律を廃止しようとしていないという推定がはたらくからである。

　第三に、キング判決（オバマケア）と同様に移民問題という司法府の舵の取り方がきわめて繊細な問題となっている。そこで、法のなかには矛盾する政策が存在しており、行政機関の法解釈と異なる政策を法文言から司法府が仮に読みとることができたとしても、司法府は行政機関の判断を尊重するという説明で（行政機関よりも「優れた」法解釈を示すことができるけれども、あえてそうしない、と暗に述べることで）現政権や議会と司法府の距離を保つことができる。

　第四に、トランプ政権はオバマ政権の方針を撤回しようとしてきた。オバマ政権は、違法に入国した者に対して、強制送還を猶予する措置をとっていた。国土安全保障省の作成した、いわゆるDACA（Deferred Action for Childhood Arrivals）である。猶予条件とは、16歳未満で入国し、2012年6月15日時点でで、31歳未満である、2007年以降、現在まで米国に在住している、米国で教育を受けるか、または軍隊等を名誉除隊している、重大な犯罪歴がない、などである。

　トランプ政権は、2017年9月にオバマ政権のこの方針を段階的に打ち切ることをツイッターで宣言し、連邦議会に対して代替案を作成する6か月内に立法措置を講ずるよう求めた。ニューヨーク州東部地区連邦地方裁判所[52]は、15州とコロンビア特別地区を含めた訴訟につき、DACAの撤回が州の雇用者の利益、州立大学の運営を脅かす点を十分に立証していると判断し、2018年2月13日に、大統領のDACAの打ち切りを一時差し止める判断を下し

---

[52] *Vidal v. Nielsen*, 279 F. Supp. 3d 401 (2018).

た。本件は第二連邦巡回区控訴裁判所に上告された。

　カリフォルニア州北部地区連邦地方裁判所[53]も、2018年1月9日に州の原告適格を認め、大統領の措置が行政手続法に違反し、長年の慣習を信頼していた当事者の利益を損なう恣意的で専断的な解釈であり、十分な理由が示されていないと判断し、政府側は合衆国最高裁に判断を求めていた。2018年2月26日、合衆国最高裁[54]は、政府の暫定的差止めの審理申立てを斥けた。

　この訴訟は、次章のSWANCC判決、ラポノス判決で検討するいわゆるWOTUS（waters of the United States）行政規則の事案と共通している。WOTUS規則はEPAと工兵隊が共同して作成した行政規則であり、トランプ大統領命令13778号はこの撤回を求めていた。このWOTUS規則の実施を10の州とコロンビア地区が求めている[55]。

5　2018年ウィスコンシン判決
ストックオプション行使に対する課税についての判断

　2018年に合衆国最高裁はシェブロン法理の発動に関する2つの重要な判決を下している。これらの判決はシェブロン法理を厳格に発動する姿勢をロバーツ・コートが示した事案として位置づけられる。これらの判決のうち、前者のWisconsin Central v. United Statesは、シェブロン法理の発動にあたっての法文言の曖昧性の認定に争いが存在しうる点を例証しており、後者のPereira

---

53　*Regents of the Univ. of Cal. v. United States, Dept. of Homeland Sec.*, 2018 U.S. Dist. LEXIS 4036, 2018 WL 339144 (2018).

54　Petition for a writ of certiorari before judgment DENIED without prejudice. It is assumed that the Court of Appeals will proceed expeditiously to decide this case. Available at 〈https://www.supremecourt.gov/search.aspx?filename＝/docket/docketfiles/html/public/17-1003.html〉. 2018年5月14日に第九連邦巡回区控訴裁判所で審理が行われる。Regents of the University of California v. DHS（"DACA II"）, 18-15068, 18-15069, 18-15070, 18-15071, 18-15072. Available at 〈https://www.ca9.uscourts.gov/content/view.php?pk_id＝0000000927〉.

55　Complaint, New York v. Pruitt, No. 1: 18-cv-01030-JPO（S.D.N.Y. filed Feb. 6, 2018）; Jenna R. Mandell-Rice et al., EPA and Corps Amend Effective Date of WOTUS Rule, Open Door to Legal Challenges, Nat'l L. Rev.（Feb. 12, 2018）, 〈https://www.natlawreview.com/article/epa-and-corps-amend-effective-date-wotus-rule-open-door-to-legal-challenges〉.

v. Sessions 判決はゴーサッチの解釈手法を理解するのに有益な判決として位置づけられる。

前者は、ステップ1に位置づけられる。法の文言が明らかである以上、行政機関は明確な文言を適用するだけである[56]。もっとも文言が明確かについては合衆国最高裁のなかで判断が分かれることがある。

事案の概要

カナディアンナショナル鉄道は、1996年に従業員に対してストックオプションによる報酬支払いを始めた。本件で問題になる1937年鉄道退職課税法（the Railroad Retirement Tax Act）[57]は、従業員の「賃金（wage）」の一定の割合に相当する「金銭報酬」は、課税対象になると規定していた。従業員は、ストックオプションを得てから、自社の株価が上昇すれば、ストックオプションを行使して利益を得ることができる。行政機関 IRS（Internal Revenue Service: 内国歳入庁、以下 IRS）は、ストックオプションを行使して得た利益は「賃金」に該当し、課税可能であると判断した。鉄道の退職課税率は、社会保障税の割合よりもはるかに高い。

第七連邦巡回区控訴裁判所[58]は、市場価値と「金銭報酬」についての行政機関の理解が広すぎるとしながらも、ストックオプションが課税可能であるという主張を支持した。

判決の概要

ゴーサッチ執筆の法廷意見はステップ1を発動させた。5対4で、従業員のストックオプションは、本法における「金銭報酬（money remuneration）」に該当せず、課税できない、と判断した。ゴーサッチ法廷意見は、法解釈において文言は通常の意味に従い、法の文言そして構造に照らして、「報酬」の文言が「ストック」を除外しているのは明らかであり、曖昧性が存在しない。行

---

56 *Wis. Cent. Ltd. v. United States*, 201 L. Ed. 2d 490 (2018).
57 26 U.S.C. 3231(e)(1).
58 *Wis. Cent. Ltd. v. United States*, 856 F.3d 490 (2017).

政機関が埋めるべき曖昧性が存在していないとした。法廷意見は、法の文言からみれば、ストックオプションが本法成立時の「金銭」には該当しないと考えた。ストックオプションは、売買の対象になるが、それ自体が「金銭」と同様に交換の媒介物とはいえない。連邦議会の示した「報酬」の文言は、金銭報酬に対する課税を狙いとしている。連邦議会は「金銭」に該当しない「ストック」に課税しようとはしていない。1939年にIRSの内国歳入法（internal revenue code）は、「金銭」と「ストック」とを別のものとして扱っていた。「すべての報酬」と「金銭報酬」を別々に表現しており、それぞれは異なる意味を有していた。

行政機関は1938年に行政規則[59]を通じて、本法は「金銭上のあらゆる報酬、あるいは、金銭に代わって用いられるもの」について課税可能であるとしていた。本行政規則は、給与、賞与を含んでも、ストックについて課税可能であるとは解釈していなかった。

ブレイヤーが反対意見を執筆し、ギンズバーグ、ケーガン、ソトマイヨールが同調した。ブレイヤーはステップ2の発動を主張している。彼によれば、金銭報酬の文言は曖昧である。曖昧である以上、本法の規律を委ねた行政機関の解釈を司法府は尊重すべきである。行政機関の法解釈をおよそ90年間、連邦議会は覆してこなかった。また、鉄道会社もストックオプションに対する課税について異議を申し立てたのはつい最近のことである。ストックオプションは、価値を認識することが容易である。オプションが与えられた時期と市場価格の差異で利益を得ることができる。合衆国財務省もまた、金銭報酬を広範に解釈している。これらの証拠によれば、行政機関の法解釈を支持すべきである、という。

この判決はシェブロン法理におけるゴーサッチの姿勢を示しているといえる。ゴーサッチ執筆法廷意見は、法の文言の明確性にかなりの説明を割いている。文言の明確性に、法文言の辞書的意味、構造、本法制定直後の1938年、1939年の行政決定を根拠にしている。このことは本法の文言の明確性に争いがあったことを示している。彼はウェブスターの辞書に従うというテクスチ

59　26 C.F.R. 410.5（1938）.

ャリストの立場に従った。この点は第6章で検討する。ゴーサッチの意見は、本判決を通じて、おおよそスカリアのテクスチャリストにならうことを示した。しかし、彼がどの程度まで、スカリアに従うか、その程度はアリートと比べて明らかではない。

6 2018年ペレイラ判決
不法滞在者の滞在継続期間に関する判断

　トランプ政権は不法移民に対して強硬な態度を示しており、不法移民の親子を分離して拘束する対応を継続しようとしていたが、強い批判を受けて、2018年6月20日に大統領命令[60]を通じて、これを撤回した。その翌日に合衆国最高裁が判断した事案である[61]。合衆国最高裁は、シェブロンステップ1を発動させた。

事案の概要

　Wescley Fonseca Pereira が2000年6月に米国に非移民訪問者（nonimmigrant visitor）ビザで入国した。認められた滞在期間は2000年12月21日までである。同氏は、ビザの期間以降も不法滞在を続け、2006年行政機関 DHS（Department of Homeland Security: 国土安全保障省）は、移送審問（removal hearing）のための通知を送付した。通知には、初回の日時が記載されていなかったが、移民担当裁判官の指定する日時に出廷するよう命じていた。移民担当裁判官が日時を指定すると、同氏に通知が送付される。しかしながら、同通知は彼の郵便ボックスではなくて、別の住所に送付されたため同氏はそれを受領しなかった。移送審問の日に出廷しなかったため、本人不在のまま判断を下した。同氏は、その後も、米国に滞在し、2013年3月に交通法規違反で逮捕されて、行政機関に拘束された。同氏は、移送審問の通知を受け取っていないことを

---

[60] Donald J. Trump, Presidential Executive Order on Affording Congress an Opportunity to Address Family Separation（June, 20, 2018）, available at 〈https://www.whitehouse.gov/presidential-actions/affording-congress-opportunity-address-family-separation/〉.

[61] *Pereira v. Sessions*, 201 L. Ed. 2d 433 (2018).

理由に、再開の申立てを提出した。そして、移送審問手続に関する規定[62]を根拠に、移送決定の撤回を求めた。本規定は、法務長官（attorney general）に、一定の要件を満たす外国人について非永住者の移送決定を撤回する権限を与えている。この要件には、米国内で継続的に10年間、居住していたことが含まれている。この継続期間は、もし移民と国籍法（Immigration and Nationality Act: INA）の1229(a)条[63]に従った通知が送達された場合には、継続滞在期間が終了する。同氏は、通知が別の場所に送達され、通知を受け取っていないのだから、継続期間は中断していない、と主張した。

移民審査委員会（Board of Immigration Appeals: BIA）は、出廷日時の記載されていない通知であっても、効力を有する以上、継続滞在期間は中断したと判断した。同氏は、本法の解釈を争った、第一連邦巡回区控訴裁判所は、通知が出廷の日時を含むべきか、という点で移民国籍法の文言が曖昧であり、として、行政機関の法解釈を合理的であるとして支持した。

判決の概要

合衆国最高裁は8対1で、日時の記載を欠く出廷通知は、継続滞在期間を停止させる移民国籍法の1229(a)条を発動しない、とした。ソトマイヨール執筆の法廷意見によれば、「いつ」、「どこで」の記載されていない出廷通知で、対象者を審問に出廷させることを期待できない。本法の文言では、外国人に出廷通知が送達された場合に継続滞在期間が終了すると規定している。

「出廷通知」は書面による通知であり、手続の主宰される日時と場所が明示されていると定義されている。本文言は明確である以上、行政機関BIAが埋めるべき曖昧性は存在しない。出廷通知は連邦議会の意図に沿っている。

アリトーは反対意見を執筆している。彼によれば、本法の文言は曖昧であり、行政機関の法解釈を司法府は尊重すべきである。アリトー反対意見は、争点になっている行政機関の法解釈を裁判所に受け入れさせるために法廷意見がシェブロン法理を利用していると非難している。

---

[62] 8 U.S.C. 1229b(b)(1).
[63] 8 U.S.C. 1229(a).

ケネディは同意意見を執筆して、シェブロン法理の発動について懸念を示している。彼によれば、下級裁判所における法解釈があまりにぞんざいである。行政機関の法解釈を尊重すべき類型に操作可能性がありすぎるという。ケネディは権力分立原理や司法府の機能や管轄に沿って、法解釈、行政機関の管轄の判断や実体的判断権限を検討すべきだという。
　これらの2018年判決をどのように評価すべきだろうか。
　第一に、2018年に引退を表明したケネディの本判決の意見を軸にして合衆国最高裁の意見が多数派を構成するかは明らかではない。想像の範囲を越えないが、もし彼は退官しなかった場合、将来、シェブロン法理を否定する立場に動いたかもしれない。シェブロン法理の発動を再考すべきだという懸念は、スカリア、トーマスらにも共有されてきた。また、シェブロン法理の発動に慎重になるべきだという意見は、おそらくソトマイヨールを含めた裁判官にも共有されている争点であろう。必ずしも合衆国最高裁の裁判官の政治的色彩だけでシェブロン法理の発動を区別することは難しいかもしれない。
　第二に、アリトーもまた、行政機関が最善の法解釈と判断した主張を否定している点で、法廷意見がシェブロン法理を無視した、と批判する。この意見も、ケネディ同様にシェブロン法理の発動にあたって司法府は慎重に説明すべき責任を負うべきだという点で共通している。
　最後に、Wisconsin Central v. United States 判決ブレイヤー反対意見、Pereira v. Sessions 判決ケネディ同意意見、アリトー反対意見は、シェブロン法理の発動を厳格にすべきだという合衆国最高裁の態度を示している。少なくとも行政機関の法解釈を無批判に受容してきた下級裁に再考を迫っている。この態度は1984年時のシェブロン判決に一致しているのかもしれない。スカリアが支持したシェブロン法理は、行政機関の法解釈をほぼ無批判で支持してきた経緯があった。
　ケネディの後任にブレット・カバノーをトランプが指名して合衆国最高裁の構成が変動したことを差し引いても、シェブロン法理の発動は慎重になっていくだろう。
　第8、9章ではシェブロン法理はいくつかの追加的な条件が追加されて、その妥当範囲が削り取られていくなかで、結局のところシェブロン法理が否定

される可能性を検討する。シェブロン法理の厳格発動は、司法府が行政機関に説明責任を要求することを意味する。シェブロン判決以前に存在していた1944年スキッドモア判決をはじめとする法解釈の複数の原理の集合体に近づいていっているのかもしれない[64]。

---

[64] Farber, *The Chevron Doctrine: Is It Fading? Could That Help Restrain Trump?*（2, July, 2018）. Available at 〈http://legal-planet.org/2018/07/02/straws-in-the-wind-warning-signs-for-chevron/〉.

第5章 ステップ2の運用

本章では、レーンキストからロバーツ・コートにかけてのシェブロン法理の運用について、判例を通じて検討する。

シェブロン法理の限界はとりわけ水質浄化法、大気浄化法をめぐる判断において示されてきた。ステップ2は法文言の曖昧性を認定したうえで、行政機関の法解釈の合理性を審査する。レーンキスト・コートでは、概して合理性が支持されていた。ロバーツ・コートでは、必ずしも合理性は支持されず、新たな要件が追加されるようになった。

1　2001年 SWANCC 判決

2001年 SWANCC 判決[1]は、ステップ2が発動した事案である。水質浄化法の文言を曖昧と認めたうえで、行政機関の法解釈を支持した。行政機関の法解釈に憲法上の疑義が生じる場合にはシェブロン尊重は作動しないという。2001年 SWANCC 判決から2006年ラポノス判決に首席裁判官がレーンキストからロバーツに交代している。この二つの事案は、ステップ2におけるシェブロン法理の動揺を示している。

1　*Solid Waste Agency of Northern Cook County v. U.S. Army Corps of Engineers, 531 U.S. 159 (2001).*

事案の概要

本件では、1960年代まで放置されてきた砂利の採取場が、その採取が原因で湿地（沼）になり、渡り鳥の生息場になっていた。この土地を固形廃棄物処理場として利用するために埋め立てる場合に、北クック郡の固形廃棄物処理業者（Solid Waste Agency of Northern Cook County: SWANCC）が埋立て許可を必要とするかが問題となった。

水質浄化法に基づき制定された陸軍工兵隊の行政規則では、陸軍工兵隊（Army Corps of Engineers）に「航行可能な水域」の埋立ての許可権限を与えていた。

陸軍工兵隊は、SWANCCの申請を不許可処分とした。たとえ航行不能で孤立している沼であったとしても、渡り鳥の生息地としての保護が及ぶと判断した。

水質浄化法では「航行可能水域」は「米国水域」と定義されている。行政規則は、州際通商に損害を与える州際水域が「米国水域」に含まれると規定していた。ここでの争点は、他の水系や川と接続していない、孤立している沼について水質浄化法の管轄が及ぶかであった。

政府は、工兵隊の「渡り鳥規則」は渡り鳥の使う州際の水域に関する管轄であり、砂利採取場に対しては自らに管轄権があると主張した。

判決の概要と解釈手法

レーンキストが法廷意見を執筆し、スカリア、ケネディ、トーマスが同調した。スティーブンズが反対意見を執筆し、スーター、ギンズバーグ、ブレイヤーが同調した。レーンキスト法廷意見は、行政規則が法律上の権限を越えると判断した。渡り鳥の生息地であることを根拠にするのみで、当該土地を水質浄化法の保護対象にする行政機関の法解釈は許容できない、とした。工兵隊の解釈を覆す立法がないからといって、連邦議会が工兵隊の規制権限を承認したことにはならない、という。

州際通商に実質的な影響を与える州際の活動を規制する権限を連邦議会が渡り鳥規則に認めたという主張は、憲法上の疑義を生む。連邦議会の明白な意図に反しないかぎり、司法府は憲法上の疑義を回避して法律を解釈する。

しかし、司法府は、問題の放棄された砂利採取場が水質浄化法の適用範囲であるかどうかについて、これ以上、「連邦議会の明確な言明に近づくこと」ができない。沼や干潟に連邦政府の管轄を認める解釈は州の伝統的で主要な権限を侵害することになるため、渡り鳥規則を支持することはできない、とした。

　次に考察に移る。

　第一に、スティーブンズ反対意見は、1985年リバーサイド判決[2]の位置づけで法廷意見を批判する。この事案では、行政規則に基づき、工兵隊の許可を得ずに、湿地とされる土地を開発業者が埋め立てた行為が問題となった。ホワイト裁判官の法廷意見は、水質浄化法1344条を通じて航行可能な水域に隣接する湿地に対する許可権限を認める、という行政機関の法解釈を支持するもので、他の裁判官も全員がこれに同調した。開発業者が許可を申請しようともしておらず、仮に不許可になった場合の土地の利用に関する経済的損害を否定するものでもないのだから、本法の解釈は修正5条の収用（Taking）に該当しないとした。この1985年リバーサイド判決は、政府が米国水域に隣接する湿地を埋め立てる許可権限を有しているとしていた。

　そして、2001年SWANCC判決スティーブンズ反対意見は、レーンキスト法廷意見の解釈が連邦議会の設定した枠組みを大きく変えるものであると批判する。工兵隊は、伝統的な州の権限を侵害する意図など持ち合わせていない。土地の特定の利用についての土地計画が要請するのは、環境に対する損害を法の認める制約の範囲内にとどめることだけである。そして、水質浄化法は土地利用を規制する法律ではなく、環境を規制する法律である。レーンキスト法廷意見は、地方政府の水質規制を促進するための取組みとして、本法を解釈しようとしている。しかし、連邦主義の観点からみれば、そもそも連邦議会は連邦の統制を州の規制枠組みに利用するように支援してきた。水質浄化法上、州は一義的な監督責任を負っている、とする。

　第二に、次に検討するラポノス判決で主たる争点となる点が1985年リバーサイド判決で述べられている。そもそも湿地や水域の文言に拘泥することが

---

[2] *United States v. Riverside Bayview Homes, Inc.*, 474 U.S. 121 (1985).

工兵隊の注意してきたことではなく、むしろ米国水域の及ぶ限界こそが問題となっているのであり、文言の解釈に拘泥する点を慎まなければならない。立法経緯と根底にある政策を鑑みれば、行政機関の規制権限を肯定できるという。

2　2006年ラポノス判決

2006年ラポノス判決[3]は、ステップ2が発動した事案である。このとき、合衆国最高裁は法解釈の統一を示せなかった。この判決でロバーツ・コートは水質浄化法の文言を曖昧と認定したうえで、行政機関の法解釈を否定している。争点は、水質浄化法と、それに基づく行政規則の解釈である。現在、トランプ政権は、水質浄化法上の行政規則の撤回を求めている[4]。この判決ではロバーツ・コートが2006年に合衆国最高裁が水質浄化法に基づく行政規則について判断を求められていた。しかし、巡回裁判所に対する統一的な指針を示すことができていなかった。そのため、合衆国最高裁の判断のあとも巡回裁判所の判断が分岐することになる。

事案の概要

水質浄化法[5]の定義する米国水域（water of the United States）に基づく管轄権が争われた事案である。陸軍工兵隊と環境保護庁（EPA）の制定した行政規則（waters of the United States: いわゆるWOTUS）[6]は、米国水域を埋め立てる場合、陸軍工兵隊の許可を得なければならないとしている。工兵隊はその許可にあたって、経済的、景観、レクレーション、そして、人々の福祉を総合的に考

---

[3] *Rapanos v. United States*, 547 U.S. 715 (2006).

[4] Donald J. Trump, Presidential Executive Order on Restoring the Rule of Law, Federalism, and Economic Growth by Reviewing the "Waters of the United States" Rule (Feb. 28, 2017), available at 〈https://www. whitehouse. gov/presidential-actions/presidential-executive-order-restoring-rule-law-federalism-economic-growth-reviewing-waters-united-states-rule/〉.

[5] 33 U.S.C. 1311(a), 1342(a), 1362(7).

[6] 33 C.F.R. 328. 3(a)(1) (2004).

慮する。ラポノスは、自分の所有している土地のうち三つを無許可で埋め立てた。問題の土地は排水溝と接続しているかどうか必ずしも明らかではなかった。水質浄化法が「航行可能な」水路から水路に流れ込む多くの水路に及ぶ点については争いがない。彼は、自分の土地がそもそも「湿地」ではなく、「航行可能な水路」に該当せず、許可は不要であると主張した。

判決の概要と解釈手法

　各裁判官の意見が分岐し、水質浄化法の管轄の限界について多数意見は構成されなかった。相対多数意見をスカリアが執筆し、ロバーツ、トーマス、アリトーが同調した。渡り鳥の生息地となる湿地に水質浄化法の管轄の適用を否定した。

　スカリアによれば、水質浄化法の「航行可能な水域」の文言は辞書によって定義される。他の水系と接続されない孤立した沼が水質浄化法上の工作隊の管轄外である、というSWANCC判決に依拠して、管轄権の及ぶ場合とは「伝統的な州際の航行可能な水域に比較的、恒久的に連結している水体系」に、「水面が持続して接続して」いる場合である。スカリアは、水質浄化法上の「航行可能な水域」が伝統的な見解と比べれば広範である、と考え、連邦政府の規制権限が拡大し、工兵隊の管轄権が広がることを懸念した。そして、シェブロン法理に基づき、工兵隊の解釈は許容できる法の解釈を越えている、とした。

　他方で、ケネディは結論同意意見で、「湿地や支流は、その地域の土地にそれぞれ独立してあるいは関連して位置しており、化学的、物理的、生体保全の保全に影響を及ぼしており、「航行可能」として理解されやすく」水質浄化法の管轄が及ぶ、とした。ケネディによれば、他の水系と接続していない孤立した沼は、事実上の航行可能な水域に隣接していないから、管轄権は及ばないとSWANCC判決は判断したはずである。したがって、航行「不」能な支流と隣接する湿地を工兵隊が規制する場合、事案に応じて、重要な結びつきがあるかどうかを工兵隊は立証しなければならないという。スカリアとケネディは、持続的な水面上の接続か、重大な結びつき、で分岐している。

　次に考察に移る。

第一に、スカリア相対多数意見は、水質浄化法の適用範囲の限界が、文言から曖昧である、と認定したうえで、行政機関の法解釈が広範にすぎると判断した。相対多数意見は、水質浄化法の工兵隊の管轄権について次の制限を置いた。「航行可能な水域」は、「比較的恒久的に、継続した水流体系」にのみ行政機関の規制権限が及ぶ。そして「航行可能な水域」に該当する水体系に持続的に接続する湿地にのみ水質浄化法が適用される。

　第二に、スティーブンズは反対意見を執筆し、スーター、ギンズバーグ、アリトーが同調した。彼らは、工兵隊の水質浄化法の解釈を合理的であると考えた。彼はSWANCC判決で反対意見を述べていた。彼によれば、連邦議会は生態系の保護を水質浄化法に含めていたはずだ、という。水質の機能の実際の立証は、支流に隣接している湿地は、流域（分水点）に重要な結びつきがあるのが一般であるという。

　スティーブンズからみれば、ケネディ結論同意意見の実質的な結びつきは、裁判所の創作である、工兵隊の規制基準を必要もないのに置き換えるものである。とはいいながらも、航行可能な支流に隣接している湿地は、支流の航行可能な水域との間に実質的な結びつきがあるのが一般である、という。

　第三に、合衆国最高裁は控訴裁判所の解釈が混乱した場合、その解釈の統一が求められる。合衆国最高裁は、下級裁判所の法解釈に指針を与える役割を担っている。しかし、必ずしも、9人の裁判官の判断が統一するわけではない。場合によっては5対4になったり、多数意見を構成できたりしない場合がある。その際、下級裁はどちらの判断を採用するか、の判断に迫られる。

　第四に、ロバーツ結論同意意見は、SWANCC判決との関係に注目している。2001年から5年を経て、工兵隊はその管轄権について再考する機会があったのにもかかわらず、それを放置した点を嘆いている。

　第五に、スカリアは法文言を重視し、通常の辞書の用語法に従う立場をとるので、水質浄化法の専門的な用語と彼の解釈は一致しなくなる。大気浄化法、水質浄化法などの環境に関する判決は、これから検討していくようにEPAの科学的、専門的な判断が必要になってくる。連邦議会の意思決定は停滞しているので、行政機関は法文言の解釈を行政規則に反映していく必要に

駆られる。しかし、法廷の争点を、専門的技術的な問題ではなく、法文言の意味を確定する作業（管轄権の有無）としてみてしまえば、司法府は必ずしも行政機関の判断を尊重する義務を負わなくてもよくなる。この点は、第6章で検討される。

　最後に、2017年2月のトランプ大統領命令13778号は、2016年のEPAと工兵隊が共同で作成したWOTUS規則を撤回し、ラポノス判決スカリア意見を採用するように求めている。たしかに本判決は4対1対4の判断であり、解釈基準が統一されていない。その後、巡回裁判所の判断はスカリアとケネディの意見で分かれていた。第六連邦巡回区控訴裁判所の判断を2018年1月22日に合衆国最高裁[7]が破棄している。もっともここでの争点はWOTUS規則の裁判地がどこになるのか、であった。この訴訟は統合されて第六連邦巡回区控訴裁判所に移送された。同裁判所は、WOTUS規則の審理について控訴裁判所が適切な裁判地であると判断した。全米製造者業界（National Association of Manufacturers）は、この判断を不服として合衆国最高裁に審理を求めていた。2018年1月22日にソトマイヨールが全員一致の法廷意見を執筆した。WOTUS行政規則は水質浄化法1369(b)(1)条の外にあるため、連邦地裁に訴訟を提起すべき、だとした。

　2018年1月31日にEPAと工兵隊は、「米国水域の定義」の最終規則を公表した。水質浄化法規則の管轄権を再定義した2015年WOTUS適用規則の施行を2020年まで遅らせている。行政規則の撤回は、行政規則作成と同じ手順を踏むことになる。この点は第9章で検討される。

3　2007年ワイルドライフ判決

　2007年ワイルドライフ判決[8]はステップ2が発動した事案である。二つの連邦法の規定が矛盾している場合に、それを調整しようとする行政機関の判

7　*Nat'l Ass'n of Mfrs. v. DOD, 138 S. Ct. 617 (2018).*
8　*National Assn. of Home Builders v. Defenders of Wildlife, 551 U.S. 644 (2007).*

断を尊重した事案である。

事案の概要

　水質浄化法の規定は、全国汚染物質排出削減制度（National Pollutant Discharge Elimination System: NPDES）に基づいて、いくつかの基準に適合することを条件に連邦行政機関 EPA から州に許可権限の管轄権を移している。

　アリゾナ州が EPA から州への管轄の移動の提案を行ったが、EPA は、管轄の移動が絶滅の危機に瀕した種を脅かすことを理由に、管轄の移動が「絶滅の危機に瀕した種の保存法」に違反すると当初、消極的であった。

　絶滅の危機に瀕した種の保存法[9]7(a)(2)条によれば、問題となる行政機関の行為が、絶滅の危機に瀕した種を脅かす可能性がないように連邦行政機関は内務省長官の指定する行政機関と協議するように命じている。協議が完了すれば、生態系に関する意見書が公表され、絶滅の危機に瀕した種やその生息地を保護する代替案が提案される。

　魚類野生生物局（Fish and Wildlife Service: FWS）は、水質浄化法の求める要件以上の厳しい追加的な要件を設定できないはずだ、と EPA に助言した。EPA は、その助言に従い、州に管轄権を移動することにした。絶滅の危機に瀕した種の保存法を管轄する海洋漁業局（National Marine Fisheries Service: NMFS）と FWS が協働して制定した行政規則は、7(a)(2)条を連邦の関与あるいは統制するすべての裁量行為に適用して、水質浄化法と絶滅の危機に瀕した種の保存法を調和させようとしていた。

　この管轄権の移送に対して、非営利組織のワイルドライフが移送を争った事案である。ワイルドライフは、管轄移送の決定が絶滅の危機に瀕した種を脅かさないことを要請されているはずだ、と主張した。管轄移送が恣意的で不合理であるという解釈も可能である。絶滅の危機に瀕した種の保存法はきわめて古い連邦法であるため、絶滅の危機に瀕した種に対する影響についてとくに規定が用意されていなかったため、水質浄化法の規定との間に矛盾が生じることになった。

---

[9] Endangered Species Act, 16 U.S.C. 1536(a)(2).

判決の概要と解釈手法

　アリトーが法廷意見を執筆した。ロバーツ、スカリア、ケネディ、トーマスが同調した。スティーブンズが反対意見を執筆し、スーター、ギンズバーグ、ブレイヤーが同調した。ブレイヤーは個別に反対意見を執筆した。アリトー法廷意見は、曖昧性を認定したうえで、行政機関が行政規則を通じて絶滅の危機に瀕する種の保存法の規定を裁量行為に限定し、行政機関の裁量権限の指針として、水質浄化法と種の保存法と調和させていることを尊重した。水質浄化法に基づく管轄権の移動について、絶滅の危機に瀕した種の保存法は行政機関に対して追加的な基準を適用することをとりわけ求めていない。シェブロン法理を適用して、行政機関の解釈が尊重に値すると判断し、EPAの解釈を支持した。

　絶滅の危機に瀕した種の保存法は、裁量的な行為に限り、種の絶滅の脅威を回避するように行政機関に義務づけており、本件の水質浄化法に基づく命令的な許可管轄権の移動には絶滅の危機に瀕した種を危険に脅かすおそれはないため、適用されない。水質浄化法に基づく管轄の移動は一定の基準の適合を満たせば足りる。絶滅の危機に瀕した種の保存法と水質浄化法402(b)条の文言は命令的であり、行政規則[10]は、行政行為が裁量行為である場合に限り、種の絶滅を回避する措置を求めており、適切な解釈である。許可の管轄を移動するにあたって追加的な要件を設ける権限は認められない。

　スティーブンズ反対意見によれば、水質浄化法と絶滅の危機に瀕した種の保存法を調和するように内務省がEPAに委任しているという。本件で問題になる解釈は「べし（shall）」の文言である。水質浄化法402(b)条の規定は、一定の基準を満たしていれば、NPDESについての州の申請に対してEPAが管轄移送の許可をすべし（shall）と規定している。他方で、水質浄化法の制定以降に、連邦議会は絶滅の危機に瀕した種の保存法で、連邦行政機関が、絶滅の危機に瀕した種を保護するように確保すべし（shall）と規定していた。

　連邦法の命令が競合している場合、裁判所が両者の効力を判断する。法廷意見の解釈は両者を適切に調和させておらず、絶滅の危機に瀕した種を保存

---

[10] 50 C.F.R. 402.03.

する法の文言にも矛盾している。法廷意見は、本法における行政機関の非裁量的な行為に例外を設定し、本法の目的を阻害している。

1978年TVA対ヒル判決[11]は、絶滅の危機に瀕した種を保存する法について絶滅の危機に瀕した種を保護することが最優先課題であり、例外は存在しない、と解釈した。そもそも1978年ヒル判決では、二つの争点が問題となった。第一に、絶滅の危機に瀕した種を保護する法を通じて司法裁判所が、ほぼ完成したテリコダムと貯水プロジェクトの運用に伴い、ヤウヲ（パーチ、snail darter）が絶滅する危機を認めて、ダムを差し止めることができるか、である。第二に、1973年以降、テリコダムの完成に伴い、少なくともダムに適用される限りにおいて、絶滅の危機に瀕した種を保護する法を連邦議会が黙示的に廃止しているか、であった。後者はたやすく否定された。連邦議会は、絶滅の危機に瀕した種を保護する法を黙示的に廃止したとはいえない。前者が本件の争点と関連している。

絶滅の危機に瀕した種を保護する法の歴史、文言、構造をみれば、連邦議会は、絶滅の危機に瀕した種を保護することが最優先課題に設定したことが明らかである。この最優先課題に例外は認められない。ヒル判決は、行政行為の裁量的行為か命令的行為かどうか、についてとくに注目していなかった。とりわけダムに費やされた多額の費用を犠牲にしたとしても小さな魚を保護することが連邦議会の意図であることを中心に考えていた。

以下、考察する。

第一に、法廷意見は、本法に黙示の例外を設定したことになる。NPDES許可権限を水質浄化法に基づき移送することは、連邦行政機関の「行為（action）」に権限が与えられ、それを実行することである。この移送が裁量的行為であろうが、命令的行為であろうが、1978年ヒル判決に従って理解されなければならない。1978年ヒル判決は、ダムによって絶滅の危機にある魚の生存を脅かすという理由で、巨額の費用を要したダムの工事の差止めを認めた。ダムを完成させることは、絶滅の危機に瀕した種の保存法に違反する、という。合衆国最高裁は、ダム完成の差止めを認める以外の選択肢はない、

11　*TVA v. Hill,* 437 U.S. 153 (1978).

と判断した。莫大な費用がすでに投じられ、完成まで残すところはわずかであったが、このような事情は評価の対象にならないとされた。この法律を制定するにあたり、連邦議会は絶滅の危機に瀕している種を救うことの重要性と他の政策目標を比較したうえで、絶滅寸前の種を救うことを最重要なものと判断していた。合衆国最高裁は、このような連邦議会の比較衡量の結論を見直す立場にないとされた。ヒル判決では、連邦の行為のすべてに絶滅の危機に瀕した種を保護することが最優先し、水質浄化法は劣後するという。

　本件のブレイヤー反対意見は、スティーブンズ反対意見に同調しつつも、絶滅の危機に瀕した種を保護する法7(a)(2)条が、すべての行政行為に適用されるという点は留保した。課税処分に対する訴追といった内国歳入庁（IRS）の行政機関の裁量的行為についても同様に絶滅の危機に瀕した種の保存法が適用されるとは必ずしもいえないという。

　そして、スティーブンズ反対意見をブレイヤーが補足する点は、水質浄化法402(b)条は、命令的であり、排他的列挙規定であるという。もし一定の要件が満たされた場合の裁量権はEPAに認められないと法廷意見は強調する。402(b)条の文言を法廷意見は強調するが、本条の構造からみて、絶滅の危機に瀕した種を保護する法の適用を除外しているとは考えられない。裁量的行為を授権された場合、かならず黙示的な制約が付属している。一定の属性に含まれる行為からなにかを選択する権限に認められる裁量である。絶滅の危機に瀕した種の保存法は、この裁量行為になんら留保を設定していない。

　第二に、アリトー法廷意見は、絶滅の危機に瀕した種の保存法の背景（backdrop）に注目した。本法の背景に照らして、法文言では解決されない基本的な曖昧性が残されているという。

4　2009年エンタージ判決

　エンタージ判決件[12]は、ステップ2が発動した事案である。発電所冷却水

12　*Entergy Corp. v. Riverkeeper, Inc.*, 556 U.S. 208 (2009).

取込装置に関する行政規則について、行政機関の判断をシェブロン尊重した。その際、行政規則の費用便益分析を支持している。これから検討するEMEホーマー、ミシガン判決も、費用便益分析を支持している。しかし、2001年ATA判決は、費用便益分析を否定していた。

事案の概要

本件申立人の運営する発電所は、発電時に発生する熱を冷却している。大規模な発電所は連邦法である水質浄化法[13]の適用下にある。特定汚染源（point source）については環境に対する影響を最小化するための利用可能な最善の技術を冷却取入構造の場所、設計、構造、許容能力に反映するように求めている[14]。

冷却水取込構造の環境影響を扱うにあたり、行政機関は全国の遂行基準（national performance standards: NPS）を設定し、第1段階で、新規の冷却水取込構造を扱い、事案に応じて「最善の利用可能な技術」を判断する。第2段階では既存の施設に対して、その成長段階を問わず、魚や貝などが施設に衝突することで死んでしまう確率を減少させるように行政規則を通じて要請していた。また、生物が取込口で巻き込まれる確率も減少させるように要請している。いわゆる密閉型の冷却装置に対しては第2段階で衝突、巻込み防止を要請していなかった。第1段階ですでに評価済みだからだという。商業的に利用可能で、経済的に実用可能であると行政機関が判断した技術を複数、組み合わせることで、環境に対する影響を改善できるように設定されている[15]。そして地域に応じて、基準のもたらす便益に比して、基準を遵守する負担が過大であることを立証できた場合、第2段階で全国の遂行基準を地域に応じて修正することも許容している。

全国の遂行基準である第2段階の設定にあたって、地域に応じて費用便益に基づく修正を求めるという行政規則は、水質浄化法の「利用可能な最善の

13　33 U.S.C. 1251.
14　33 U.S.C. 1311, 1314, and 1316.
15　40 C.F.R. 125.94(a)(5)(i)-(ii).

技術」を根拠とした。

　冷却水の取込構造は、水中の生態系を脅かす可能性を重視して、環境団体は行政機関の制定した規則[16]を争った。行政機関は本規則を遵守するための負担が重すぎるという理由で、既存の発電所施設に対する適用を見送っていたためである。

　「環境に対する影響を最小化」する程度を最大限、発揮する「最善の利用可能な技術」として解釈することはできる。また、費用便益分析を実施できないという解釈に基づき、問題となる規定[17]に基づく行政規則を破棄することも可能である。

　本件では、冷却水の取込構造の環境影響を最小化するための「最善の利用可能な技術」のもたらす便益と費用との分析を本規定が行政機関に判断するように求めているかどうか、が争点となった。

判決の概要と解釈手法

　原審を破棄、差し戻した。5対4の判決である。スカリア執筆の法廷意見に、ロバーツ、ケネディ、トーマス、アリトーが同調した。ブレイヤーが一部同意一部反対意見を執筆した。スティーブンズは反対意見を執筆し、スーターとギンズバーグがそれに同調した。

　全国の遂行基準の設定にあたって行政機関の費用便益分析は合理的である。第2段階での費用便益分析に基づく全国の遂行基準の修正も合理的である。「環境に対する影響を最小化」する「利用可能な技術」は、必ずしも「最大限、可能なかぎり」の程度まで必要とされない。

　本規定の文言[18]と他の規定[19]の文言とを並べてみる。最大限、可能なかぎり減少させる場合については他の規定は明文で示している。また、連邦の水質に流れ込む量を規制する複数の「最善の技術」を採用するように求めている。この点について、スカリア意見にロバーツ、ケネディ、トーマス、アリ

---

[16] 40 C.F.R. 125. 94.
[17] 33 U.S.C. 1326(b).
[18] 33 U.S.C. 1326(b).
[19] 33 U.S.C. 1311, 1314, and 1316.

トーが同調している。水質浄化法の目的に照らして、本規定の「最小化」するとの文言は、あくまで程度の問題であり、必ずしも「最大限の減少」を意味するとは限らない。本規定の「環境に対する影響を最小化」するとの文言は、状況に応じて減少の程度を判断するという行政機関の一定の裁量を示している。この判断は、費用便益評価と関連する。「最善の利用可能な技術」という文言は、「環境に対する影響を最小化」するという文言とあわせて理解すれば、費用便益分析を禁止したものとは考えられない。このように考える行政機関の解釈は合理的である。

水質浄化法は1983年ごろ、経済的に達成可能で利用可能な技術の適用を求めるようになった。これが汚染物質を減少させる全国統一の基準にやがて展開した。本件で問題となる規定は、新規の特定発生源について、最善の利用可能な技術を用いて達成できると行政機関が判断し、最大限度の流入の減少と解釈する可能性が生まれた。そして、他の規定では、その実施の指針となる要素が水質浄化法によってはっきりと説明されている。「最善の実用可能な統制技術」を行政機関が適用するに際して、技術の適用のすべての費用と、達成される流入の減少という利益を比較して評価するように求められている[20]。

本件で問題となる規定について、「最善の利用可能な技術」を最大限「環境に対する影響を最小化」するために適用する旨の文言は存在しない。本規定に明文が存在しない以上、行政機関が費用便益分析する権限が認められる。

行政規則に基づく第2段階では、行政機関は、費用と便益の過度な不釣り合いだけを回避するように求めていた。第2段階において便益と比べて費用が過重な場合に限り、全国の遂行基準を状況に応じて、修正するように行政機関は限定した。この判断は合理的である。

本来、1977年ごろの行政機関は本規定について費用便益分析を求めていなかった。また、達成される便益と比べて費用が不釣り合いに過大な場合にも技術を用いるべきだとは考えていなかった。

全国の遂行基準の設定にあたって行政機関は費用便益分析に依拠してい

---

[20]　33 U.S.C. 1314(b)(1)(B).

る。第 2 段階でも、水質浄化法に基づき行政規則で費用便益分析による修正を行っている。

本件では、行政機関はシェブロン判決に基づき、「環境に対する影響を最小化」する「最善の利用可能な技術」は、技術の費用と環境上の便益を評価する解釈は、唯一の解釈とは限らないし、また、最も合理的な解釈であるとも限らないと主張していた。

以下、考察に移る。

第一に、エンタージ判決スカリア法廷意見は、費用便益分析を禁止する解釈を採用した2001年 ATA 判決と費用便益分析を認めたエンタージ判決の整合性を図る必要に迫られた。2001年エンタージ判決では、連邦法は、スカリアは、法の文言が一定の点について沈黙している場合、文脈（context）からみて、費用便益分析を認めるという行政機関の解釈を否定すると2001年 ATA 判決を位置づけた。本件と比べれば、2001年 ATA 判決で大気浄化法の問題となる規定の文言は、法と歴史の文脈からみて、全国大気質基準の設定にあたり費用評価を禁止している、と解釈した。大気浄化法109条以外の規定は費用評価を正面から規定しているが、2001年 ATA 判決で問題となる109条は費用評価について明文で規定していないからだという。

1981年のアメリカンテクスタイル判決[21]は、行政機関が一定の健康と安全基準を設定するにあたり、費用便益分析を行う必要はないと判断して、法の文言が費用便益分析に触れていなかった欠陥を根拠にした。しかし、シェブロン法理によれば、費用便益をする義務を行政機関は負っていないからといって、行政機関がそうしないことが許されているということを意味しない。整合性を保とうとするスカリアの苦渋の解釈がみてとれる。

第二に、ギンズバーグは2009年エンタージ判決スティーブンズ反対意見に同調したが、2014年 EME ホーマー判決ギンズバーグ執筆の法廷意見はエンタージ判決に依拠していない。エンタージ判決は、シェブロン判決を根拠にして EPA の費用便益分析を認め、EPA の解釈は合理的な範囲内にあると判断した。費用便益分析を認めた点では、エンタージ判決とホーマー判決は共

---

21 *American Textile Mfrs. Institute, Inc. v. Donovan*, 452 U.S. 490 (1981).

通している。また、ATA判決の位置づけでもホーマー判決同様、法廷意見と反対意見が分岐している。

　ただし、このエンタージ判決の審理対象となる連邦法は大気浄化法ではなく、水質浄化法である。また、ギンズバーグも、スカリアも、過去の自身の法廷意見と本件の反対意見[22]との齟齬を感じたのかもしれない。連邦議会制定法の目的を達成するための費用と便益を裁判所が審理してしまった結果、かえって法律の実効性が失われないか[23]、という問題が存在しているのかもしれない。

　過去の判決との差異化を図り、予測可能性を担保するという判決の役割からすれば、ホーマー判決だけを抜き出すことなく、さらに他の判決と並べて差異を検討しなければならなかったともいえる[24]。

5　2014年 UARG 判決

　2014年 UARG 判決[25]はステップ2が発動した事案である。大気浄化法の調整規則について、周囲の文脈から意味が確定されるという点、社会経済に対する影響、そして、連邦法の矛盾を指摘した事案である。ステップ2であっても、行政機関に対する尊重の程度を驚くほど減少すること、また、同じ法律で文言の複数の解釈が存在する場合には文言の意味を場面によって使い分けること、そして同じ法律のなかに複数の政策が存在する場合を指摘している。

22　*Entergy*, at 237.（Stevens, J., dissenting）.
23　Daniel Farber, *Breaking Bad? The Uneasy Case for Regulatory Breakeven Analysis*, 102 Cal. L. Rev. 1469（2014）. Cass Sunstein, *The Limits of Quantification*, 102 Calif. L. Rev. 1369（2014）.
24　Farber, *Is the Supreme Court Irrelevant? Reflections on the Judicial Role in Environmental Law*, 81 Minn. L. Rev. 547, 548（1997）.
25　*Utility Air Regulatory Group v. EPA, 134 S. Ct. 2427 (2014)*.

事案の概要

 2007年マサチューセッツ判決によれば、大気浄化法の「なんらかの大気汚染物質」の文言に「移動」発生源からの二酸化炭素をはじめとする温室効果ガス（GHG）が含まれる。大気浄化法は「移動」発生源に対する行政機関の規制権限を認めておきながら、どうしてはるかに排出量の大規模な「固定」発生源について行政機関が規制権限を行使しないのかという争点が浮上した。

 大気浄化法は、工場や発電所のような「固定」発生源と「移動」発生源からの「大気汚染物質」を規制するように行政機関に命じている[26]。大気浄化法第1章は、行政機関が全国大気質基準を策定して、一定の大気汚染物質を規制することを要請している。

 州はそれぞれ基準達成計画（State Implementation Plan: SIP）を作成して、全国大気質基準を達成する義務を負う。しかし、この基準を達成できている地域（基準達成地域）と達成できていない地域（未達成地域）が存在する。そこで行政機関は、達成状況に応じて地域を指定することで異なる規制を置いた。州は、全国大気質基準の達成度に応じて達成地域、未達成地域、そして未分類地域を指定する義務を負う。州の基準達成計画は、発生源を地理的に分類した地域に応じて、固定発生源に許可制度を採用しなければならない。

 達成地域と未分類地域における固定発生源は、「重大な悪化を防ぐ方策（Prevention of Significant Deterioration: PSD）」をとった場合にのみ、「主要な発生施設（major emitting facility）」の「新設」や「修繕」が許可（以下、PSD許可）される。

 「重大な悪化を防ぐ方策をとった許可」が認められるためには、全国大気質基準を達成し、大気浄化法の規制に服する（each pollutant subject to regulation under）それぞれの汚染物質に対して「利用可能な最善の統制技術（Best Available Control Technology: BACT）」を用いた排出基準を遵守する義務を負う。「新設」や「修繕」には「重大な悪化を防ぐ方策」をとったかどうかが、申請の際に審査される。

26　42 U.S.C. 7408-7409.

また、「主要な発生源(major emitting source)」となる施設を「操業」する場合、大気浄化法の第5章の許可(以降、第5章許可)が必要とされる。大気浄化法第5章は、その場所を問わず、「主要な発生源」となる施設を「操業」する場合には、包括的な操業許可を得なければならない。大気浄化法第5章は「主要な発生源」にいくつかの義務(検査、監督、報告義務、発生源に対して適用される基準を満たすための遵守計画の作成義務など)を要求している。

固定発生源の「主要な発生源」から排出される「なんらかの大気汚染物質」について「なんらかの」と示すだけで、どの種類の大気汚染物質を含むのか、は明らかではない。

そこで行政機関は「主要な発生施設」を、「なんらかの大気汚染物質(any air pollutant)」を年間250トン(あるいは、特定の種類の発生源については年間100トン)を排出する「固定発生源」として定義した[27]。そして、「修繕」を「なんらかの大気汚染物質」をさらに発生させる物理的あるいは操業上の変更として定義した[28]。

したがって、年間100トンあるいは250トンという数値基準を超えて排出する場合に、「主要な発生施設」に対するPSD許可の規制に服することになる。

2014年UARG判決では、大気浄化法のこの枠組みに次の争点が浮上した。

第一に、「なんらかの大気汚染物質」の文言を明らかにしなければならない。大気浄化法は「なんらかの大気汚染物質」と規定しているにすぎないから、この「利用可能な最善の統制技術」に服する前に、「主要な発生施設」でどれだけの種類の、そしてどれだけの量の規制対象汚染物質を発生させているかどうかを明らかにしなければならない。もしGHGが「なんらかの大気汚染物質」に該当した場合、基準を満たすための費用負担は重くなる。

第二に、「主要な発生源」を「操業」するための許可(第5章許可)が問題となる。第5章の「主要な発生源」は、GHGを含めた「なんらかの大気汚染物質」を排出する可能性のある「固定」発生源を指しているという解釈も可能である。

---

[27] 42 U.S.C. 7479(1).
[28] 42 U.S.C. 7411(a)(4).

行政機関は次のように解釈した。

第一に、2007年マサチューセッツ判決に従い、「固定」発生源からの「なんらかの大気汚染物質」に対して行政機関は規制権限を行使でき、「なんらかの大気汚染物質」にGHGは含まれている。

第二に、発生源が特定の種類の汚染物質を排出しているかどうかを問わず、全国大気質基準の達成地域と未分類地域における「固定」発生源はすべて「重大な悪化を防ぐ方策をとった」許可基準に服するはずである。わが国のすべての地域が全国大気質基準の達成地域と未分類地域に指定されるはずだ、という解釈は「重大な悪化を防ぐ方策をとった」許可の発端に由来する。

第三に、GHGが大気浄化法の規制対象に服するのであれば、「重大な悪化を防止する方策」をとった際の許可と第5章の許可の規制は、基準値を超えている固定発生源すべてが対象になる。

大規模な企業、居住施設、宿泊施設や大規模な小売施設等が、これらの許可規制の対象となる。ただし、「小規模な発生源（smaller industrial sources）」は、大気浄化法の「重大な悪化を防止する方策をとった」許可や第5章許可規制の対象ではなかった。

そこで行政機関は行政規則を提案した。

行政機関は、もし「小規模な発生源」に許可規制を適用した場合、行政機関に付与された権限が先例をこえて拡大することになり、経済上のあらゆる部門に実質的に大きな影響を与えることになり、国内すべての家庭も対象になると考えた。それでもGHGの濃度減少に資することはあっても実効性は薄いと考えた[29]。

また、「主要な排出施設」の「操業」に第5章許可を与える場合に、二酸化硫黄よりもはるかに大量に発生するGHGを含めて考えると義務を遵守するために莫大な費用がかさみ、規制の実効性が失われる。そこで行政機関はいわゆる調整規則[30]を設定して、GHGを排出する「固定」発生源に対して「重大な悪化を防止する方策」を義務づけ、許可を要請した。この調整規則[31]が

29　73 Fed. Reg. 44420, 44498, 44511（2008）.
30　PSD許可については、年間100トンあるいは250トン、第5章許可については年間100トン。

問題となった。

UARG判決は次の2点を判断した。

第一に、固定発生源のGHGに対して行政機関の規制権限は及ぶか。大気浄化法を制定してきた連邦議会は、気候変動に際して、行政機関の規制権限が固定発生源に及ぶことを予想していたか。

第二に、気候変動に対応するために行政機関の規制権限をどこまで大気浄化法で認めるか。議会制定法の文言についての行政機関の解釈を裁判所が審査する基準がシェブロン法理である。1984年シェブロン判決の射程が、30年後の2014年UARG判決で争われた。

判決の概要と解釈手法

2007年マサチューセッツ判決で反対にまわったスカリアが2014年UARG判決で法廷意見を執筆している。EPAの解釈を一方で支持し、他方で破棄、差し戻した。スカリアはパートI、パートIIについて法廷意見を執筆し、ロバーツ、ケネディがすべての点に同調した[32]。トーマスとアリトーはパートI, パートII-a、II-B-1について同調した。ギンズバーグ、ブレイヤー、ソトマイヨールとケーガンがパートII-B-2に同調した。ブレイヤーは一部同意、一部反対意見を執筆した。これにギンズバーグ、ソトマイヨール、ケーガンが同調した。アリトーは一部同意、一部反対し、トーマスが同調した。

大気浄化法の第2章は、「移動」発生源からの排出が温暖化の原因であるかどうかの判断権を行政機関に与えている[33]。もし原因であると判断すれば、「移動」発生源からのGHGを行政機関は規制できる。移動発生源からのGHGの濃度が上昇し、温暖化によって「公衆の健康や福祉」が危機に瀕していると2007年マサチューセッツ判決を行政機関は位置づけた。合衆国最高裁は、大気浄化法7401条以下の行政機関の解釈についてシェブロン法理を用い

---

31 40 C.F.R. 51.166(b)(2)(i), (23), (39), (j)(2)-(3), and 52.21(b)(2)(i), (23), (40), (j)(2)-(3).

32 本判決の構成は、I. 背景、A. 固定発生源許可について、B. EPAのGHG規制、C. 判断、II. 分析、A.（1-3）PSDと第5章許可の発動、B. Anyway発生源のBACT。

33 *UARG*, at 2436 (Scalia, J., joined by Roberts, Ch. J., and Kennedy, Thomas, and Alito, J.).

て審査する。

　2014年 UARG 判決のスカリア執筆意見に、ロバーツ、ケネディ、トーマスとアリトーが同調して、5名の多数意見を構成した。

　スカリア執筆法廷意見によれば、「なんらかの大気汚染物質」は、他の規定に照らすと、大気中に排出される数種類の物質だ、と広範に規定している。大気浄化法の運用場面において、これまで行政機関は、「なんらかの大気汚染物質」に対して文脈に応じて、ふさわしい、狭い意味を与えてきた[34]。大気浄化法は行政機関に対して、いまだ規制されていない施設をあらたに規制対象とするような解釈を認めていない。行政機関の大気浄化法の規定の解釈は不合理であり、同法の文言を書き換えることはできない。行政機関の解釈は、連邦議会の明確な授権なくして、規制権限を拡大させ、変容させるものであって認められない。

　たしかに2007年マサチューセッツ判決は「なんらかの大気汚染物質」を広く理解しているけれども、行政機関は2007年マサチューセッツ判決と比べると「重大な悪化を防ぐ方策をとった」許可の場面では「大気汚染物質」を限定して解釈してきていた。また、1993年以来、行政機関は非公式ではあるが、第5章許可についても同様に、狭く理解してきた。これらの行政機関の解釈は適切であり、明確であった。

　2007年マサチューセッツ判決は、行政機関に対して大気浄化法の文脈を無視して移動、固定といった発生源を問わず、大気中に放出されるすべての物質が「大気汚染物質」なのだ、と大気浄化法の法文言を理解するように命じていない。2007年マサチューセッツ判決で与えられた GHG に対する広範な定義は、恣意的で専断的な解釈を審査する文脈だけで与えられたにすぎない。

　同一の用語は同じ法令内で異なる規定で用いられている場合は、通常は、同一の意味で利用されることが想定される。しかし、連邦議会の規定した大気浄化法7401条以下の法文言は、きわめてずさん（profligate）である。したがって、大気汚染「物質」の意味するところを狭く解釈しなければならない。

---

[34] 40 C.F.R. 52.21(b)(1)-(2), (50). UARG, at 2440.

大気浄化法は、連邦議会の傑作 (chef d'oeuvre) にははるかに及ばない。裁判所と行政機関は、制定法の文言を文脈に応じて使い分けることが求められ、制定法の枠組み全体を見渡さなければならない。同じ法令内に異なる文脈、異なる方針が存在している場合には、用語を統一的に解釈する必要はない。シェブロン法理に従えば、行政機関は合理的な解釈で運用することが求められる。法文言の合理的な解釈は、法文言の利用されている特定の文脈と、制定法を全体としてみる場合というさらに広い文脈の双方から検討されなければならない。議会制定法の規定が、そのひとつを取り上げてみて曖昧である場合は、残余の他の枠組みから曖昧性が明らかにされる。

したがって、行政機関の解釈が制定法を全体としてみわたし、その設計や構造と矛盾している場合、裁判所は行政機関の解釈を尊重することはできない。GHGの年間100トンないし250トンの排出量を基準にして許可を求める調整規則は大気浄化法に矛盾する。行政機関の調整規則によるPSD許可と第5章許可は、実体上、手続上の過重な負担を課している。

重大な悪化を防ぐ方策をとった場合に認められる許可は、許可が与えられるまでに複数の、費用のかかる、重い負担を課している。申請者は、発生源の可能性のある汚染と、これと関連する影響について科学的な分析を実施して、発生源が許可基準違反とならないことを立証しなければならない。さらに、規制対象となる汚染物質が発生している場合は、利用可能な最適な統制技術を特定して利用しなければならない。

行政機関自身も、重大な悪化を防止する方策をとった許可を認める過程が複雑で、費用がかかり、時間を浪費し、論争があると認めている。

行政機関が、国の経済を大きく規制する権限を既存の法律のなかに認められるのだ、と予告もないままに宣言する場合、裁判所は行政機関の宣言を懐疑的に判断する。連邦議会は、もし行政機関に対して経済的、政治的に重要な判断をさせるのであれば、明確に制定法に書き込んでいたはずである。行政機関は、行政規則[35]によって大気浄化法7401条以下の定める基準範囲を書き換えている。この書き換えは、行政機関に認められる解釈権限を越えてお

---

[35]　75 Fed. Reg. 31514.

り、許されない。行政機関には、制定法の沈黙や曖昧性から生じる隙間を埋めるために裁量権が認められる。制定法の文言と重大な悪化を防止する方策をとった許可と第5章許可の数値目標とを比べた場合、行政機関は、制定法上、認められる権限を越えた数値を自ら設定している。

連邦議会の設定する権限内で、行政機関はその経費のどれを優先するかについての政策を選択することができる[36]。しかし、連邦法の課している明確な要件を修正する資格は認められない。限られた資源を統制しなければならない行政機関は、その行動を変更することはできても、法文言そのものを変更することはできない。

連邦議会と大統領がともに法律を制定する。行政機関はいかなる場合でも法律を誠実に執行する義務を負う。行政機関は法律を執行する際、議会が未解決にした問題を解決する権限と義務を負う。

しかし、現実に作動不可能であるような制定法の文言を行政機関が改定する権限までは認められない。行政機関は、制定法と明らかに矛盾する手法で責任を配分して、新たな要綱を策定する権限を有しない。

大気浄化法は、重大な悪化を防止する方策の許可を認める場合、排出源が利用可能な最善の統制技術に服するように、それぞれの汚染物質に対して要求している。規制に服するそれぞれの汚染物質を最大限に減少することを前提として、利用可能な最善の統制技術は排出の上限を設定している。これは、生産過程、利用可能な手法、枠組み、技術、そしてクリーン燃料、あるいは斬新な燃焼技術である[37]。この利用可能な最善の統制技術は、事例ごとに決定され、エネルギー、環境そして経済上の影響を考慮して費用を算定している。

利用可能な最善の統制技術は、許可申請者の施設を制御する技術を基準としており[38]、施設の基本的な再設計を命じることはできない。行政機関は、利用可能な最善の統制技術を、汚染物質それ自体の発生源に限定して考えて

---

36 *Morton v. Ruiz, 415 U.S. 199 (1974).*

37 42 U.S.C. 7479(3).

38 *Id.*

きた。

a 「いかなる発生源」を支持、大気汚染物質の文言解釈を限定する

大気浄化法は行政機関に対して、さもなければ重大な悪化を防止する方策をとったかどうかの許可審査に服すであろう、「いかなる発生源（anyway source）」から排出されるGHGに利用可能な最善の統制技術が適用されるという解釈は、シェブロン判決に従い、合理的な解釈として許容できる。ただし、行政機関が「いかなる発生源」に対してGHGを「利用可能な最善の統制技術（BACT）」に適合させるよう求めることができる場合とは、発生源がGHGの僅少量を超える場合に限られる。

許可制度に設けられた「なんらかの汚染物質」は解釈の余地を許す文言（dubious breadth）であり、問題となる一連の汚染物質が規制枠組みのどれに服するのか、を特定するように行政機関に判断を求めている。

「利用可能な最善の統制技術」は、PSD許可や第5章許可と比べて明確である。「利用可能な最善の統制技術」は、同章の規制に服する「それぞれの汚染物質」に要求されている。行政機関の判断する範囲を連邦議会がすでに確定している。本法の背景を広くみても、「利用可能な最善の統制技術」の解釈を限定するように求めていないし、全体からみわたしても、EPAに「each pollutant subject to regulation under this chapter」の文言を広げて解釈することは示されていない。

b UARG個別意見

アリトーは法廷意見の一部に同調し、一部に同意・反対意見を執筆し、トーマスが同調している。彼らによれば、2007年マサチューセッツ判決は誤っており[39]、大気浄化法はGHGにいっさい適用されない。その根拠は、同法がGHGに適合していないからである。そして、伝統的な汚染物質についてPSD許可と第5章許可に服する「いかなる発生源」がBACTに適合するよう要求するという点でスカリア法廷意見に反対する。PSD許可と第5章許可

---

39 *UARG*, at 2445-（Alito, J., concurring in part, dissenting in part）.

にGHGをBACTに適合させることは、連邦議会の採用した枠組みを破綻させるという。

ブレイヤーは一部同意一部反対意見を執筆した。ギンズバーグ、ソトマイヨール、ケーガンが同調している。ブレイヤーによれば、行政機関には「いかなる大気汚染物質」を解釈する権限が認められる。その解釈のなかに「GHGを含める」という解釈も認められる。この汚染物質のなかにGHGをわざわざ除外するというスカリアの解釈は支持できないという。

ブレイヤーによれば、大気浄化法は、年間250トンや100トンの数値を設定し、基準に服する施設が本基準を満たすように要請している。大気浄化法は、本数値を変更する行政機関の裁量権について沈黙している。この数値を「分別のある規制基準（sensible regulatory line）」であるとは解釈できない場合、制定法の設定した特定の数値に「不文の例外（unwritten exception）」を行政機関は読み込むことができる。

また、ブレイヤーによれば、許可の発動にあたって「なんらかの大気汚染物質」からGHGを除外する解釈と、年間250トンの排出可能性のある「いかなる発生源」という法文言から年間10万トン以下の発生源を除外する解釈の二つをスカリアのようにわざわざ区別する実益はない。

ブレイヤーがスカリアに同調する点もある。

法文言の「なんらかの（any）」を必ずしも普遍的に（any in the universe）解釈する必要はない。「なんらかの」法文言は、他の法文言と同様に、文脈に応じて用いなければならない。根底にある目的を問い、それを指針として、それが示された場合に、目的に応じてどのように考え、扱うかどうかを検討しなければならない。根底にある目的を追求すれば、「なんらかの」の文言の字義どおりの解釈を放棄することが求められる場合もある。

以下、考察に移る。

第一に、2007年マサチューセッツ判決同様に、スカリアは文言を重視する姿勢を貫こうとした。しかし、大統領の交代でEPAの方針は大きく変更した。行政機関は、スカリアの望みどおり、判例と法律の文言を重視した。2014年UARG判決スカリア法廷意見は、文言をスカリアほどに重視しないブレイヤー裁判官の判断にかなり接近している。

第二に、スカリアは同じ法律のなかでは同じ文言「大気汚染物質」については解釈の統一を好む傾向がある。2007年マサチューセッツ判決は、「なんらかの大気汚染物質」にGHGが含まれると解釈していた。しかし、2014年UARG判決のスカリア法廷意見は、第5章と重大な悪化を防止する方策をとった許可の「なんらかの大気汚染物質」の文言については、2007年マサチューセッツ判決と同程度に文言の統一的解釈に拘泥せず、むしろ「大気汚染物質」の解釈を限定した。

　2014年UARG判決スカリア法廷意見は、大気浄化法の構造と設計そして背景を強調した。行政機関は調整規則について連邦議会から明確に授権されていない。もし文言をそのまま執行した場合に、制度が破綻してしまう場合に、わざわざ行政機関は規則を改訂する必要もないし、できない。そのような行政機関の規則改訂は授権された権限を逸脱していることになる。

　本判決の結論だけを取り上げれば、固定発生源に対する調整規則を違法無効と判断したようにみえる。しかし、暗黙のうちに、スカリアは、温暖化は裁判所が取り扱うべき現実の憂慮すべき問題で（これを2007年マサチューセッツ判決は認めたがスカリア自身は反対していた）、大気浄化法が温暖化に対して正確に適合しておらず不十分であり、改正せよというメッセージを連邦議会に送ったことになる。

　ただし、大気汚染「物質」にGHGを除外する解釈は可能であろう、と抵抗している。スカリアは、大気浄化法のあらゆる規定においてGHGが規制対象である、という解釈を避ける点に固執した。大気汚染「物質」についての文言の統一的な解釈が、法令の背景や文脈の前に劣後する場合があると、既存の大気浄化法では温暖化に対応できない、という姿勢を示す一方、大気浄化法には、温暖化を含めた異なる複数の方針とGHGの規制権限が隠されていることを認めてしまった。

　第三に、スカリアは、いわゆる「明白な意味（plain meaning）」を放棄して、政策的判断についての裁判所の姿勢を示したといえる。大気浄化法が行政機関に対して、GHGを含める解釈を通じて重大な悪化を防止する方策をとった許可を発動させるように強制させたとしても実現可能性を欠く。規制を実現するための調整規則ですら、GHGの規制を実効化させるため対象施設に

大きな負担を課するだろう。これはスカリアによれば、アメリカの経済、政治に関係する重大な問題である。

　2014年UARG判決は、行政機関が行政規則を通じて大気浄化法を改正し、気候変動の問題に適合させることはできないと理解したうえでも、温暖化に大気浄化法を適用する行政機関の権限をスカリア自身が認めた点は意義深い。裁判官の解釈裁量は、裁判官自身を将来にわたり縛っていくからである。

　第四に、次に扱うホーマー判決も、国家経済や政治にかかわる「政策問題」を扱うべき義務を連邦議会は負っているのだというメッセージを送っている。

　オバマ政権は、2014年6月に、既存の発電施設のGHG発生を削減する野心的な提案をしていた。この気候行動計画（Climate Action Plan）によれば、2030年までに2005年の水準までGHGを30パーセント削減するというものである。彼の提案は、連邦議会の意思決定が停滞している際、行政機関の規則を通じて規制しようとするものである。もし連邦議会で共和党が法改正で対抗しようとしても大統領の拒否権が発動される姿勢を示していた。

　第五に、行政の法解釈の裁量も、裁判所の解釈裁量も、連邦議会の制定する法の文言で制限される。規則遵守のために行政機関が考察する要因（費用）は文言上は明らかではない。2007年マサチューセッツ判決は、温暖化が進行していることを認めた。しかし、温暖化の影響は個別の地域で顕在化しているにすぎなかった。そこで州に原告適格を認め、行政機関の規制権限を暫時、時間をかけて行使していく権限を認めるという方策をとった。合衆国最高裁は2007年の段階では、個々の裁判官の分岐はあれども、州あるいはアメリカ国内を越えた、気候変動に関する包括的な制定法を連邦議会に制定するように求めるには至っていなかったという見方もできた。あるいは、2007年マサチューセッツ判決を、そもそも連邦議会の立法権で対応すべきであったけれども、連邦議会の意思決定が難航している場合に、行政機関が既存の制定法の文言の解釈で対応できないか、が問題となったと理解することもできた。

　連邦議会は、法律の文言を明確に規定するけれども、一定の範囲で幅をも

たせて文言を規定することがある。行政機関には、政策的な考慮と、専門的で技術的な判断が認められている。

ブッシュからオバマに政権が交代してからの2014年 UARG 判決では、大気浄化法の文言には複数の方針を読みとることが可能であることを合衆国最高裁は明らかにした。その複数の選択肢のどれを選ぶかは、まずは行政機関に委ねられる。この争点について2014年 UARG 判決は行政機関の規則制定権を認めたが、行政機関の選んだ選択肢が連邦議会の授権を超えていると判断した。

第六に、裁判所自身も法文言の曖昧さに、一定の政策的判断を読み込むことも可能かもしれない。法律の文言に固執しようとするスカリアは腐心し、2014年 UARG 判決で、2007年マサチューセッツ判決の射程（大気浄化法のすべての規定で GHG が規制対象となるかもしれない）を限定させようと試みた。スカリアの解釈裁量は法文言そして、自らの解釈手法に縛られた。

2014年 UARG 判決は、大気浄化法の文言が雑であると宣言することによって、気候変動に対して包括的な方策を連邦議会にとるように要求することになった点をスカリアが執筆したことは大きい。そもそも大気浄化法の起草者が意図していなかったはずの気候変動において裁判所が行政機関を枠づけるべきではない、行政規則ではなく連邦議会制定法に頼るべきだ、という思惑がスカリアに透けて見える。

6　2014年 EME ホーマー判決

2014年 EME ホーマー判決[40]は、ステップ 2 が発動した事案である。風上の州に対する行政規則について、行政機関の判断を尊重し、そして費用便益分析を支持した。

---

[40] *EPA v. EME Homer City Generation, L.P.*, 134 S. Ct. 1584 (2014).

事案の概要

　連邦法である大気浄化法上、行政機関 EPA の設定する全国大気質基準を達成できない地域を未達成地域に指定して、それぞれの州は、基準達成計画を策定する。基準達成計画は、行政機関に定期的に提出される。基準達成計画[41]を実現する手法が「よい隣人規定（Good Neighbor Provision）」に基づく「運搬規則（Transport rule）」[42]である。大気浄化法は、風下の他州の基準が達成されない重大な原因となっている風上の州を統制するように行政機関に求めている。それぞれの州は、大気浄化法で規定される汚染「量」の発生を防止するように州内で遵守しなければならないが、風下の州に、風上の州が「汚染に重大な寄与（原因となる汚染、contributory significantly）」をしているために、風下の州が大気浄化法上の全国大気質基準を達成できない場合がある。

　運搬規則によれば、風下の州が基準を達成するために風上の州が汚染を削減するために必要な費用の負担が発生する。この費用の算定と負担の振り分けが争点となった。

　「重大な原因」は、その認定にあたって、2段階の審査を踏む。第一に、スクリーニング分析である。未達成地域の風下の州の基準に1パーセント以下しか寄与していない場合、風上の州は規則対象から除外される。第二に、風上の複数の州の減少すべき量を費用効果的に行政機関は配分し、風上の複数の州の費用の範囲内で、達成できる削減量を決定する。

判決の概要と解釈手法

　2014年4月に合衆国最高裁は行政機関の運搬規則を支持した。ギンズバーグが法廷意見を執筆し、ロバーツ、ケネディ、ブレイヤー、ソトマイヨール、ケーガンが同調した。スカリア執筆の反対意見にトーマス、アリトーが同調した。以下、概説する。

　費用効果的な統制手法が利用可能かどうか、を基準にして排出削減を求める本規則は合理的であり、効率的で衡平である。運搬規則は発電所などで窒

---

[41] 42 U.S.C. 7410(a).
[42] 76 Fed. Reg. 48208-48209 (Transport Rule).

素酸化物や硫黄酸化物を大量に排出する州を対象にする。連邦議会制定法の文言とその意味について、連邦議会の前提にした意味を前提にして、裁判所は判断しなければならない。州の達成すべき全国大気質基準を行政機関は設定し、そして、州は基準達成計画策定の義務を負う。連邦議会が採用した文言の要件から省略された部分を、もし省略していなければきっと適用したであろう、と裁判所が軽々しく推定することは許されない。連邦議会は、要件を明確にする手法を同じ法令内の他の場所でも示しているのであれば、裁判所の推定はいっそうはたらきにくい。

行政機関が大気浄化法7401条以下の手続に従っており、その手続を行政機関が進めるにあたり合理的な説明を提供している場合、その過程を変更する裁量権が認められる。大気浄化法によれば、パブリックコメントの期間内に、規則に対して明確に、合理的に裁判所に異議申立てしなければならない。

合衆国最高裁は、大気浄化法の「裁判管轄的（司法府の判断できる：jurisdictional）の文言の使用法がずさんで（profligate）あると述べてきた。行政規則は、必ず裁判所の審理に服するというわけではない。大気浄化法の規定[43]は、裁判所の管轄権限について明言しておらず、当事者の手続上の義務を規定している。

裁判所は、通常、議会制定法の文言が曖昧な場合、行政機関の合理的な解釈に従うのが通常である。連邦議会が、解釈上の問題を正確に取り扱っていない場合、裁判所が自らの解釈を押しつけることはできない。行政機関こそが議会制定法の曖昧性を埋める義務を負う。議会制定法の政策の効力を理解するには、問題となる事態は通常の理解に従って評価される。したがって行政機関の解釈は、それが恣意的で、不合理で、議会制定法に明らかに矛盾していないかぎり、調整要因（controlling weight）として機能している。

大気浄化法は州に対して、未達成地域において重大な原因となる汚染「量」を減少させるように求めている。したがって、行政機関の義務は、風上の汚染を減少させることである。風下の州の汚染の濃度が全国大気質基準を上回る「量」に限り行政機関の規制権限が認められる。複数の風上の州の、集合

---

[43] 42 U.S.C. 7607 (d) (7) (B).

的で、混在する寄与が原因で、風下の地域が基準値を満たさないことがある。大気浄化法は、因果関係という困難な問題を行政機関が取り扱うように求めている。風下の基準を越えた汚染の責任を、汚染の原因になっている風上に存在する複数の州で行政機関が分配して負担させなければならない。

次に考察に移る。

第一に、ホーマー判決はシェブロンステップ2を採用した。法廷意見によれば、大気浄化法7410条を根拠にしたとしても、行政機関は州に対して、すべての風下の州の達成基準に必要な程度を超えて汚染排出を削減するように求めることはできない。また、EPA自身が設定した1パーセント基準に矛盾することもできない。行政機関は、基準以上に規制が過剰になること並びに、規制が不十分になることを回避しなければならない、という。

第二に、規則遵守の費用負担をどう考えるべきか、が問題となる。ギンズバーグ法廷意見は、柔軟に、費用を基準とした手法を採用する権限が行政機関に認められると考えた。ギンズバーグ法廷意見は、原審ほどに厳格な比例原則[44]を採用していない。ギンズバーグ法廷意見によれば、連邦議会が行政機関に与えた問題が複雑である点を原審は軽視しているという。ギンズバーグによれば、複数の州に起因する風上の州に対する寄与のうち、それぞれ減少すべき「量」を行政機関が決定するという、連邦議会が残した穴を合理的に行政機関が埋めることを大気浄化法は期待している。

「よい隣人」規定は、行政機関に汚染物質の「量」を削減する規制権限を与えている。しかし、風上の複数の州の寄与程度を差別化するための指針（metric）は示されていない。風上の州の負担を費用効果的に分配するというEPAの判断は合理的であるという。

このホーマー判決では、行政機関の裁量を裁判所が限定する一般的な指針になる可能性があるかどうか、が裁判所に求められていたと位置づければ、本判決は指針として説得力のある説明を提供してはいないのかもしれない。少なくとも「規則を遵守するための費用について法文言が触れていない場合、費用を行政機関は考慮してはならない」という禁止命題が最高裁に意識

---

44 *EME Homer City Generation, L.P. v. EPA*, 696 F.3d 7, 21 (2012).

されているのか、という点が問題となる[45]。次に検討する2015年ミシガン対EPA判決は規則遵守のための費用負担を行政機関EPAが考慮しない点を違法と判断した。

　第三に、ギンズバーグ法廷意見とスカリア反対意見は、2001年ATA判決の射程で分岐している。ギンズバーグによれば、ATA判決と本件は区別可能である。ATA判決は、全国大気質基準をEPAが決定する場面で、費用を考慮することを大気浄化法は絶対的に禁止していると判断していた。7409(b)(1)条は、EPAに対して、公衆の健康を保護するために必須となる程度に、十分な余裕をもって全国大気質基準を設定するようにEPAに命じている。他方、本件の運搬規則は、風下の州の削減すべき「量」を対象としている点で2001年ATA判決とは異なるという。

　ホーマー判決スカリア反対意見によれば、「EPAが大気浄化法を費用効果的な命令規制に変更しようと求めるのはこれがはじめてではない」と述べ、ATA判決を根拠に挙げる。2001年ATA判決は、費用を基準とする点で曖昧な言葉を含んでいたが、ATA判決法廷意見を執筆したスカリアによれば、ATA判決と本件は費用分析禁止という点で同一の系列に属している。スカリアの理解では、ATA判決はEPAに対して文言に忠実であるよう合衆国最高裁が命じた判決として位置づけられる。ATA判決で費用を考察すべきではない、と判断したのだから、ホーマー判決もATA判決に従うべきだ、と主張する。スカリアによれば、本件において「significantly」の法文言に、規則遵守のための費用の考察を読み込むというギンズバーグ法廷意見は法文言に忠実ではなく、解釈を逸脱したものといわざるをえず、ATA判決を破棄しているという。

　ただし、2001年ATA判決では、スカリア自身が全国大気質基準の設定において費用負担を考察してはならないと判断し、法文言に複数の意味が含まれる場合、周囲の文脈から意味が確定されると述べていた。

　ホーマー判決スカリア反対意見は、大気浄化法の費用効果を考察するという義務をEPAに認めてしまうという矛盾を抱えることになる。本判決だけ

---

[45] *EME Homer*, n 21, at 1607. 42 U.S.C. 7409(a).

をみれば、スカリアの包囲網が狭まったかもしれない。ただし、この点は、2015年 EPA 対ミシガン判決でスカリアが逆襲に転じる。

第四に、ギンズバーグは、2009年エンタージ判決スティーブンズ反対意見に同調したが、ホーマー判決法廷意見はエンタージ判決に依拠していない。エンタージ判決は、シェブロン判決を根拠にして EPA の費用便益分析を認め、EPA の解釈は合理的な範囲内にあると判断した。費用便益分析を認めた点では、エンタージ判決とホーマー判決は共通している。また、ATA 判決の位置づけでもホーマー判決同様、法廷意見と反対意見が分岐している[46]。

ただし、このエンタージ判決の審理対象は大気浄化法ではなく、水質浄化法である。ギンズバーグも、スカリアも、過去の自身の法廷意見と本件の反対意見との齟齬を感じたのかもしれない。連邦議会制定法の目的を達成するための費用と便益を裁判所が審理してしまった結果、かえって法律の実効性が失われないか、という問題が存在しているのかもしれない。ファーバーによれば、過去の判決との差異化を図り、予測可能性を担保するという判決の役割からすれば、ホーマー判決と他の判決を並べて差異をいっそう検討しなければならなかったともいえる[47]。

ただし、合衆国最高裁が従来、異なる争点として扱ってきた事案が、同じ争点として現在、予想外に浮上してきているのかもしれない。とすれば、ATA 判決とホーマー判決は、同じ争点に異なる解釈手法を採用したにもかかわらず、その根拠がはっきりしていないことを示している。

2014年 UARG 判決のブレイヤー一部同意一部反対意見であれば、異なる法文言になれば、異なる解釈になるのは自明のことかもしれない。ただし、ギンズバーグにとってもスカリアにとっても合衆国最高裁が異なる事件として扱ってきた事案が同一の論点で浮上したために過去の判決と整合性を図るという点で尻込みしてしまっているのかもしれない。少なくとも現在の合衆国最高裁は、それを意識しているといえる。

---

[46] *ATA*, at 223.
[47] Farber, *Is the Supreme Court Irrelevant? Reflections on the Judicial Role in Environmental Law*, 81 Minn. L. Rev. 547, 548 (1997).

7 2015年ミシガン対 EPA 判決

　2015年ミシガン対 EPA 判決[48]はステップ 2 が発動した事案である。火力発電所に関する行政規則について、費用便益分析を支持している。シェブロン法理を適用したが、ステップ 2 の尊重の程度を驚くほど減少させた。シェブロンステップ 2 は、行政機関に対する尊重の程度を減少させるか、文言の複数の解釈が存在する場合、複数の政策が存在する場合に作動する。

事案の概要

　本件の法文言は、大気浄化法の規定[49]についての行政機関の解釈が問題となった。連邦議会は、化石燃料を用いた発電所に対して大気有害物質綱領に関する全国の排出基準（the National Emissions Standards for Hazardous Air Pollutants Program）を設定した。その種類に応じて異なる基準が大気浄化法上、設定されている[50]。

　1990年に連邦議会は大気浄化法で、発電所を規制下においた。当初は、この排出量の減少は付随的な影響しか期待されていなかった。減少量についても明確に設定されていなかった。

　行政機関は、排出量最低基準（floor standard）と呼ばれる基準を設定する義務を負う[51]。大気有害物質綱領の分類に応じて、排出量最低基準が設定される。場合によって EPA はこの最低基準を超えた厳しい基準（beyond the floor standards）を設定できる。最低基準を超えた排出基準を設定する場合、法律上明示された他の要素とともに、費用を評価するよう行政機関に義務づけている[52]。

　さらに、連邦議会は行政機関に対して、化石燃料を用いた発電所の排出が

48　*Michigan v. EPA, 135 S. Ct. 2699 (2015).*
49　42 U.S.C. 7412(n)(1)(A).
50　42 U.S.C. 7412(c)(1).
51　42 U.S.C. 7412(d)(1), (3).
52　42 U.S.C. 7412(d)(2).

公衆に与える影響について研究を実施するよう義務づけた。研究結果を考慮して、EPA は規制が「適切で、必要か（appropriate and necessary）」を判断する[53]。

行政機関は、化石燃料を用いた発電所は「主要な発生源」であり、「地域発生源」に該当するという行政規則の解釈が問題となった[54]。

1 種類の汚染物質の場合は10トン、複数の汚染物質の場合は25トンを年間、発生させる汚染源は、「主要な発生源（major source）」と呼ばれる。

大気有害物質綱領に関する全国の排出基準に従い、行政機関は、あらゆる主要な発生源を規制する義務を負う。本基準を下回る場合は地域発生源（area source）と呼ばれる[55]。綱領に従い、行政機関が地域発生源を規制する場合とは、地域発生源が人間の健康、環境上の規制を否定する影響を与える場合である。

行政機関は、化石燃料を用いる発電所の規制は「適切」であると主張した。その根拠は、発電所からの排出で公衆の健康が脅かされており、排出量を減少させる手だても利用可能であるからだ、という。また規制が「必要」な根拠は、大気浄化法の他の規定を利用しても減少させることはできないからだ、という。

判決の概要と解釈手法

スカリアが法廷意見を執筆し、シェブロン法理を適用した。裁判所は行政機関の法解釈を受け入れる。しかし、その程度はあくまでも、連邦議会が行政機関に授権した権限の範囲内である。発電所の規制にあたって費用が無関係だ、と黙示的に解釈することはできない。「合理性」の要件に追加的な歯止めを用意した。

行政機関は合理的に判断して結論に至る義務を負う。結論に至る過程は論

---

[53] 42 U.S.C. 7412(n)(1)(A).
[54] 77 Fed. Reg. 9303, 9330 (2012) (National Emission Standards for Hazardous Air Pollutants From Coal- and Oil-Fired Electric Utility Steam Generating Units and Standards of Performance for Fossil-Fuel-Fired Electric Utility, Industrial-Commercial-Institutional, and Small Industrial-Commercial-Institutional Steam Generating Units).
[55] 42 U.S.C. 7412(a)(2).

理的で合理的でなければならない。関連する要素を考慮してはじめて行政機関の判断は合法であると判断される。行政機関の合理的な解釈はその認められた権限内でのみ裁判所の尊重に値する。大気有害物質綱領に関する全国の排出基準の目的に従い、大気浄化法において化石燃料を用いる発電所は、他の発生源とは異なる規制に服している。

「主要な発生源」については数値上の基準を設定し、基準を下回る発生源は「地域発生源」として分類した。このように異なる規制を連邦議会が設定した根拠は、行政機関に対して、発電所を規制下におく場合は、なによりもまず規制が「適切で、必要」かどうかを判断しなければならない。そもそも「適切」の文言は、あらゆる関連する要素が判断の対象に入るという広範で、包括的な文言である。この文言はたしかに行政機関に柔軟性を与えるけれども、規制が適切かどうか、を判断するにあたって考察すべき重要な要素を見逃してはならない。行政法の背景（backdrop）に照らせば、「適切」の文言は費用を含んでいる。スカリアによれば、規制のもたらす費用と便益が衡平ではない。法の文脈は、この読み方を支持している。

行政機関の三つの研究結果のひとつは費用の評価を求めている。これら三つの研究結果から「適切で、必要」かどうかを判断しなければならないと行政機関は認めている。

シェブロン判決は、法の解釈が競合している場合に、それらのどれかを行政機関が選択することを認めている。しかし、ひとつを採用することで法の文脈（context）を崩す場合は、行政機関は授権された権限を行使しているとはいえない。

次に考察に移る。

まずミシガン判決スカリア法廷意見は、費用を評価しているという行政機関の主張を「行政機関は費用をまったく考察していない」と断じた。

次に、UARG判決からスカリアは逆襲してきたといえる。UARGを「文脈」という点で利用して、行政機関の主張を退けた。

また、2015年キング判決と2015年ミシガン判決とは、行政機関ないしは訴訟当事者の法の解釈を受け入れる場合、規制枠組み全体が崩壊するという評価では共通しているという。スカリア法廷意見は次の三つの根拠で行政機関

の主張を退け、発電所からの水銀排出規則を破棄した。

第一に、費用を評価すべきと法文言が明示している箇所7412(n)(1)(A)条において、「適切」の文言が複数の関連要素を含むと述べており、そのひとつが「費用」である。

第二に、2001年ATA判決は、大気浄化法はEPAに明示して、費用を含めず個々の要素を基礎に規制するように命じているのであり、本件において費用を評価する黙示的に読む根拠にはならない。

第三に、費用評価を最後の段階で実施するとEPAは主張している。しかし、発電所を規制しようとする場合、規制遵守のためにいくら必要なのかという判断をする際、費用が無関係だ、ということはできない。

a　シェブロン法理に加わったステートファームの法理

シェブロンのステップ2にステートファームの法理が加わっている。1983年のステートファーム判決は、行政機関の判断に柔軟性が与えられ、規制が適切かどうかを判断する際に、重要な側面を考慮しなければならず、関連すべき要素を行政機関が検討していない場合は認められない、とした。先述の2007年ワイルドライフ判決が引用したステーファーム判決をミシガン判決は2か所で引用している。

第一に、行政機関は、石炭火力発電所を規制するかどうかにあたり科学的研究を実施する。この研究に基づいて火力発電を規制するかどうかの裁量権が行政機関に認められている。三つの研究を行うように行政機関に命じている。そのうちのひとつは、費用について憂慮していた。行政機関はこれら三つすべての研究結果に基づき、合理的に判断しなければならない。行政機関は、その適法な権限内で判断し、その意思決定の過程も論理的で、合理的でなければならない。7412条に基づき発電所を規制する行政機関の決定は、大気中の有害物質の排出を減少させ、公衆の健康と環境を保護しようとしている。

しかし、その決定は、行政機関自身の試算によれば、究極的には、発電所の費用が年間100億ドルに及ぶ。この費用が便益を上回るかどうかの判断を行政機関は行っていない。行政機関は費用をいっさい評価せず、7412(n)(1)(A)

条の「適切かつ必要」の最初の決定において費用を無関係な要素として扱ってしまった。7412(n)(1)(A)条は、もともと行政機関が「規制が適切かつ必要」であると判断する場合に限って行政機関に発電所の規制を義務づけている。法廷意見によれば、発電所を規制するという行政機関の決定に際して、費用が「関連する要素」であると解釈することは可能であるのにかかわらず行政機関はこれを怠り、費用はなんら結論を左右しないと考えたという。

シェブロン法理によれば、行政機関の合理的な解釈を支持するように裁判所に求めている。行政機関は合理的な範囲内で判断した場合に限り、裁判所の尊重に値する。しかし、本件の下では行政機関の7412(n)(1)(A)条の解釈は合理的であるとはいえず、尊重に値しない。費用を無視するという7412(n)(1)条の解釈は、行政機関に認められた範囲を逸脱している。

第二に、法律の文言上、行政機関の柔軟な対応が予定され、規制が「適切」かどうか、を判断する場合、ステートファーム判決に従い、「問題の示す重要な点」を考慮しなければならない。法廷意見によれば、「適切かつ必要」の文言は少なくとも費用の評価を求めている。経済的利潤がきわめて少なく、規制を遵守するための費用がきわめて莫大な場合ですら規制すべきだという行政機関の判断は「合理的」であるとはいえない。規制を遵守するための出費も「費用」に含まれているはずである。行政機関の解釈は、いかなる種類の費用の評価すら排除している。たとえば、人間の健康や環境に対して規制がもたらす害悪を含めていない。

法廷意見は、シェブロン法理のステップ1で「適切かつ必要」の法文言の曖昧性を認めたうえで、ステップ2でステートファームの法理を用いて行政機関の法解釈の合理性を否定している。

b 2009年エンタージ判決との関係

本判決は2009年エンタージ判決との整合性が問題となっている。ここでは行政機関の規則制定にあたり、費用便益分析の必要性の判断と実施すべき時期について、法廷意見と反対意見は異なる結論を導いている。

エンタージ判決はスカリア法廷意見とケーガン反対意見の2か所で引用されている。

第一に、スカリア法廷意見によれば、行政機関が規制すべきかどうか判断する際、費用は中心的な関連要素として扱われてきた。費用を検討するということは、行政機関の判断に際して、合理的とされる規制は、利益と不利益に注目している、という。エンタージ判決によれば、「ひとつの問題にあまりに不経済な支出が費やされていることは、(おそらくは、いっそう深刻な) 別の問題を効果的に扱うための他の手法が少ないという現実」を意味している。

　ミシガン判決スカリア法廷意見は、エンタージ判決の「背景 (backdrop)」の言葉に注目した。行政法の背景 (backdrop) に照らせば、「適切」の文言は費用を含んでいるはずである。法律の文脈 (context) は、関連する費用を評価する解釈を導くという。

　2009年エンタージ判決はミシガン判決で問題になった7412(n)(1)条の解釈と関連している。7412(n)(1)条における発電所の規則制定手続は、指定された大気有害物質を排出する発電施設 (Electric Utility Steam Generating Units: 水蒸気による電力発生施設ユニット) に示されている。

　そのサブパラグラフAで、連邦議会は行政機関に対して、公衆の衛生に対する有害性を研究するように求めている。7412(n)(1)(B)条としてサブパラグラフBとCでは、連邦議会は二つの追加的な研究を求めている。そのうちのひとつである発電所や他の発生源からの水銀排出の研究は、その排出を制御する利用可能な技術、水銀の健康と環境に対する影響を検討する。行政機関に費用を研究せよ、という指示は、規制するという決定を下す際に費用が関連する要素であることを示している。

　7412(n)(1)(A)条は、本規定の指定する研究だけを行政機関に義務づけており、独立した水銀研究を必要としていない、と行政機関は主張している。しかし、2012年に行政機関は、その行政規則で三つのすべての科学的研究を背景に、「適切かつ必要か」どうかの判断を下すと述べていた。

　行政機関はさらに、大気浄化法の7412(n)(1)(A)条以外の規定では費用に言及しているが、7412(n)(1)(A)条はなにも述べていない、と主張した。しかし、スカリア法廷意見によれば本規定が費用に言及していないことをもって、費用を規制すべきかどうかの決定に際していっさい費用を含めていない、とは考えられないという。

シェブロン法理によれば、複数の合理的な解釈が競合している場合、行政機関はそのうちのひとつを選ぶことができる。水銀研究は、連邦議会が環境に対する影響について関心を抱いたことを示している。

第二に、ケーガン反対意見がスカリア法廷意見に同調する点は、費用は「関連する要素」のひとつであるという点である。経済的負担を考察しないままの行政機関の基準設定は連邦法に例外がないかぎりは認められない。この点はエンタージ判決でも支持されるという。「深刻な環境問題を扱うための手法が限られており、あまりに過大な支出がひとつの問題に費やされ、（おそらくいっそう深刻な）他の問題を効果的に扱う手法が非常に限定されている場合」、費用を検討することは重要である。行政機関は、すべての段階において正式な費用便益を実施する義務はなく、一定の手法で、重大な規制を課す前に費用を考察する義務を負っているにすぎない。行政機関自身も、長期にわたり規則制定手続が進むことを認めている。排出規制の決定は数年先である。事実認定の後に費用の検討が進むのである。

「適切かつ必要」の事実認定を最初の段階に限り認定すべきかどうか、が本件の争点ではない。行政機関は費用の考察を放棄しておらず、規制策定の段階で、行政機関は最も負担の軽い規制手法を吟味する。規制の可否を判断する段階では評価しない、と選択したにすぎない。以下、さらにケーガン反対意見を検討していく。

c　2015年ミシガン判決反対意見の解釈手法

ケーガン反対意見にギンズバーグ、ブレイヤー、ソトマイヨールが同調している。

第一に、スカリア法廷意見と反対意見は1990年大気浄化法の位置づけが異なっている。スカリア法廷意見は、費用を行政機関が評価していないと断じて、行政規則を無効であると判断している。ケーガン反対意見によれば行政機関は、費用を慎重に評価したうえで化石燃料発電所に対する排出規制を置いた。本件行政規制を通じて、石炭火力発電所は望ましい基準まで有害物質の排出量を達成するだろうと考えた。1990年大気浄化法改正時の静観（wait and see）の方策は、さらに次の規制を用意する前に、規制に服する事業者に基

準を達成させるという効能をもたらした。

　連邦議会は1990年に規制枠組を変更し、酸性雨に影響をもたらす発電所の排出規制を別個に扱った。1990年大気浄化法改正以降、連邦議会は、発電所の排出から合理的に予想される公衆の健康に対する有害物質の研究を行政機関に命じた。これが7412(n)(1)(A)条である。行政機関が排出を規制できるのは、公衆の健康に対する研究を実施した場合に限られる。

　第二に、行政機関の規制枠組みを検討する。行政機関は、7412(a)(1)条ほかに従って、汚染物質の量から健康と環境に対する影響を基準にして、排出源を規制するかどうかを最初に判断する。発生源を複数のカテゴリーに分類して、平均的な排出基準が、それぞれのグループの発生源で最大12パーセント達成できるかどうか、に従い、最低基準（floor standard）を設定する。行政機関は最低基準を設定する際に、それぞれの発生源のグループ分けを行い、排出基準を設定する。行政機関は最低基準（beyond the floor）以上の厳しい規制を課すかどうかを判断するに際して、排出削減を達成できるための費用を考察する。そして、大統領命令に従い、行政規則の費用便益を体系的に評価する。本件では、行政機関は、それぞれのグループに異なる最低基準を設定して、化石燃料を用いる発電所を位置づける。次に、最低基準以上のさらに厳格な規制を置くかどうかを判断する。最後に、大統領命令12866号に従い、規制の費用便益を実施することになる。

　第三に、ケーガン反対意見は、1998年と2000年の研究試算に注目している。1998年に、行政機関は公衆の健康に対する研究を実施し、酸性雨規定では、大気中の有害物質の排出を抑制できないと判断した。石炭火力発電は、行政機関の試算によれば、排出量を次の10年で30パーセント増加させるという。水銀についてはとりわけ行政機関の判断では、公衆の健康に実質的な影響を与えると判断した。そして、2000年の研究では、水銀やほかの有害物質の排出を規制することが適切かつ必要であると判断した[56]。

　行政機関の解釈では、1990年に改正された大気浄化法の他の規定は、とり

56　65 Fed. Reg. 79825, 79830 (2000) (Regulatory Finding on the Emissions of Hazardous Air Pollutants From Electric Utility Steam Generating Units).

わけ酸性雨規定は、これらの害悪を適切に扱っておらず、行政機関の規制が必要である、と判断した。

ケーガン反対意見によれば、このように行政機関は適切かつ必要な判断を行うに際して、規制過程の最初の段階で、費用を何度も評価してきた。いっさい費用を評価しないというのであれば、法廷意見同様、行政規則は違法無効であると判断されるだろう。しかし、数十年にわたり、行政機関は複数の手段で、段階で、排出制限を考察してきた。この「文脈（context）」を評価すべきである。最初の適切かつ必要の評価を行う際、行政機関は費用効果的な排出基準を実施して、評価してきた。最初の段階のひとつでは費用評価しないという行政機関の判断は、認められた権限内の「適切な」判断である。

第四に、第三の点と結びつくが「文脈」に対する解釈がスカリア法廷意見と分岐する。

ケーガン反対意見は、「適切」の文言は、本来的に文脈に左右され、周囲の状況によって意味内容が与えられるという[57]。また、「必要」の文言も文脈に調和するように解釈されなければならない。「適切かつ必要」は、ひろく規制枠組みに照らして解釈され、複雑な規則制定手続を伴う。シェブロン判決は規制を技術的で複雑な分野において政策的な判断を実施する場合の「文脈」に注目するように求めていたはずである[58]。行政機関と異なる規制手法を裁判所が選択し、異なる段階で、費用を異なる方法で算定せよ、と行政機関に命じる場合は連邦議会が明示的に示している場合に限り認められる。ケーガンは、スカリア法廷意見こそ法文言に矛盾している、と考えている。

d　2014年 UARG 判決との関係

2014年 UARG 判決は、2007年マサチューセッツ判決に続き、次の点を判断した。

第一に、2007年マサチューセッツ判決で移動発生源の GHG の規制を認めているのだから、固定発生源の GHG に対しても行政機関の規制権限は及ぶ

---

[57] *Sossamon v. Texas, 131 S. Ct. 1651, (2011).*

[58] *Chevron*, at 863.

か。大気浄化法を制定してきた連邦議会は、気候変動に際して、行政機関の規制権限が固定発生源に及ぶことを予想していたか。第二に、気候変動に対応するために行政機関の規制権限をどこまで大気浄化法で認めるか。

行政機関（EPA）は、2007年マサチューセッツ判決に従い、移動発生源同様に固定発生源から発生する「大気汚染物質」にもGHGが含まれ、全国大気質基準の達成地域と未分類地域の固定発生源は重大な悪化を防ぐ方策をとったPSD許可に服する。そして、第5章許可は、基準値を超えている固定発生源すべてが規制の対象になると判断した。

2014年UARG判決は、2007年マサチューセッツ判決の「大気汚染物質」の法文言の解釈を統一させなかった。UARG判決スカリア法廷意見は、シェブロンステップ2に従い、行政機関の「大気汚染物質」の解釈は、不合理であり、この文言は文脈に左右されるはずだ、と判断した。

この2014年UARG判決は、2015年ミシガン判決で1か所だけ引用されている。UARG判決に従い、行政機関は授権された権限の範囲内でのみ法律の解釈が認められるという。2015年ミシガン判決スカリア法廷意見によれば、行政機関は、発電所規制にあたり費用を無視しており、授権された範囲を越えている。

第一に、UARG判決からスカリアは逆襲してきた、といえる。UARG判決の結論だけを取り上げれば、固定発生源に対する調整規則を違法無効と判断したようにみえる。そして、2007年マサチューセッツ判決と並べてUARGを「文脈」による異なる解釈がありうる先例だ、と位置づけて、ミシガン判決で利用した。これに対してケーガン反対意見は「文脈」について対立する解釈を示して批判した。

第二に、行政機関ないしは訴訟当事者の法の解釈を裁判所が受け入れてしまうと、規制枠組み全体が崩壊するので支持できない、と位置づけた点でミシガン判決とUARG判決は共通している。ミシガン判決スカリア法廷意見は行政機関の主張を退けるにあたり三つの根拠を示している。まず、費用を評価すべきと法文言が明示している箇所7412(n)(1)(A)条において、「適切」の文言が複数の関連要素を含むと述べており、そのひとつが費用である。次に、スカリアは、2001年ATA判決との整合性を図る必要がある。スカリア法廷

意見によれば、ATA 判決では、大気浄化法は行政機関に費用の考察を排除し、個々の要素を基礎に規制するように明示して義務づけている点でミシガン判決と異なっている。費用評価を規則制定の最後の段階で実施すると行政機関は主張しているが、発電所を規制する場合、結局のところ、いくら必要なのかという判断において、費用が無関係だということはできないという。

第6章 テクスチャリズムの沿革

1 テクスチャリズムとはなにか

　シェブロン判決の登場した当初は、テクスチャリズムとシェブロン法理とは相互に親和性を保っていたのかもしれない。テクスチャリストは目的を重視する立場と異なり、法の文言を重視し、立法史（ないし立法経緯）や立法資料を重視しない[1]。テクスチャリストは、立法史を使用したり、立法目的を思索したりすることは立法プロセスの性質を誤解しており、許されないと考える。上院と下院を通過し、大統領が署名した法文言こそに司法府は頼るべきである。議員の集合体となった議会に唯一の意図を発見することは不可能なのだから、文言に頼るしかない。ひとつの議会制定法にはそもそも複数の「目的」が存在しているはずだから、それらの複数の目的と、それらの間に生じる矛盾は解釈にあたり考慮すべきではない。また、立法史を探る手間と費用を節約し、司法の裁量を抑制し、裁判官の法解釈を非政治化することができる。

　テクスチャリストは立法プロセスの機能不全を指摘する点では法の目的を重視する立場と共通している。しかし、立法プロセスを理解する上でテクスチャリストは法の目的を重視する立場とは分岐する。テクスチャリズム[2]は、

---

1 ANNTON SCALIA, *A MATTER OF INTERPETATION* 9, 16, 23, 29, 32（Princeton Univ. Press 1998）.

エスクリッジ、そしてスカリアとトーマスが復興し、提唱してきた。スカリアを標的にしてテクスチャリストの議論を検討していく。1986年から合衆国最高裁で審理したスカリアの解釈手法は下級裁判所の裁判官にとって良くも悪くも解釈の指針となってきた。

テクスチャリストの論者にも差異があるけれども、法制定という立法権を行政機関や裁判所に委任していることは立法権の簒奪であり、憲法違反だという主張もある[3]。

合衆国連邦憲法は、連邦議会に立法権を授権し、その権限についてなんら制約していない。テクスチャリストの立場では、二院と大統領の署名で制定された連邦法に「立法史」という新たな要素を挿入するのは立法権の侵害である[4]。司法府が、議会制定法の文言に曖昧性を発見した場合、議会自身に曖昧性を解消させれば足りる。もし曖昧性が残るような文言を連邦議会が規定した場合、大統領の交代で解釈が変更されることがある。解釈の変更に伴う予測可能性の低下をどのように評価するのか、がマサチューセッツ判決、UARG判決、ミシガン判決で浮上している。また、テクスチャリストに対しては次のような批判がある。

第一に、一貫した議会の意図を裁判所は発見することができないからこ

2　William Eskridge, *The New Textualism*, 37 UCLA L. Rev. 621, 626（1990）（法の解釈の予測可能性が確保されるかぎり、解釈法理は擁護される。伝統的なテクスチャリストは、通常の文法と辞書の定義に従えば、法文言の意味はひとつに固まる、と考える。スカリアのような新たなテクスチャリストは、法文言の意味を決定する際に法律の構造にも着目する。1990年当時の合衆国最高裁は伝統的なテクスチャリストに加えた要素を解釈法理に用いている）. Oliver Holmes, *The Theory of Legal Interpretation*, 12 Harv. L. Rev. 417, 419（1899）.

3　John Manning, *Textualism as a Nondelegation Doctrine*, 97 Colum. L. Rev. 673, 675, 695, 708（1997）（憲法の規定している立法過程を維持するために設計された解釈法理を利用するためにテクスチャリストが必要とされる。立法機関が立法権を丸投げすることはできない。もし委任する場合は行政機関が従うべき指針が必要である。このnon-delegation doctrineがテクスチャリストを擁護する。また立法者に説明責任を負わせるという説明がテクスチャリストを擁護する）.

4　大統領と連邦議会の権限について、*Immigration and Naturalization Service v. Chadha, 462 U.S. 919 (1983)*. は、連邦議会が連邦法を通じて行政機関に一定の権限を付与する場合に、連邦議会は大統領の裁量権が広範になることを懸念して、国外追放すべき措置を執行する際、上下院に報告させ、どちらかのひとつが反対する場合は執行できないとした。合衆国最高裁は本規定を違憲と判断した。

そ、委員会の議論や立法史を手がかりにして解釈という作業を行っているのではないのか。立法者が規定した法文言は、行き当たりばったりで選ばれた文言かもしれない[5]。テクスチャリストが法文言の解釈において、立法者とはなんら関係のない辞書を持ち出して解釈に用いることこそが民主的正統性を欠くのではないか。立法府の規定する文言には必ず解釈が伴うものである。

2007年マサチューセッツ判決と2014年UARG判決そしてミシガン判決は、判例の整合性をスカリアが熱心に図るあまりに、法文言の解釈性を後退させる、という矛盾を提示した。立法者は、解釈手法や辞書的意味の発見の専門家ではない。わざわざ辞書に頼って法の文言を規定していない[6]。

第二に、立法史（経緯）を解釈に利用する立場であっても、立法史を「法」文言そのものとはみなしていない。立法史はあくまで裁判所の解釈手法の材料のひとつにすぎない。

これらの批判はさらに次のような争点とも結びつくかもしれない。

法廷で科学的な知識が本案審理に必要な場合、法律とは別にわれわれの知識は常に進化し続けていることを前提にしなければならないかもしれない。その最新の科学的な判断をどのように法解釈に反映させるかが、法廷では問題になる。2006年ラポノス判決では工兵隊の規制権限が、2009年エンテージ判決では発電所冷却水取込装置が、2015年ミシガン判決では水銀研究が問題になった。理論上は、行政機関の最新の、専門的な知識が行政規則の制定に反映される。この点はトランプ大統領命令の規則撤廃でさらに検討する。

テクスチャリストの立場では辞書から法文言を確定するため、行政機関の専門的な知識に基づいた法解釈を必ずしも司法府が尊重する必要はない。裁

---

[5] FRANK ROSS, *THE THEORY AND PRACTIVE OF STATUTORY INTERPETATION* 33, 35 (Stanford Law Books 2012).

[6] Richard Pierce, Jr., *Reconciling Chevron and Stare Decisis*, 85 Geo. L. J. 2225, 2227 (1997) (立法史を通じて曖昧性を解決することは、立法権を侵害していない。先例拘束性をシェブロン法理に補充すべき). Pierce, *The Supreme Court's New Hypertextualism: An Invitation to Cacophony and Incoherence in the Administrative State*, 95 Colum. L. Rev. 749 (1995) (テクスチャリストの立場の合衆国最高裁裁判官の「明確な意味（plain meaning）」で、矛盾が発生している、あまりにいきすぎたテクスチャリストの立場を懸念している).

判官は、訴訟当事者のいずれかが提出する証拠をもとにして、法文言の意味にそれを当てていくこともできる。法文言の解釈に名を借りて実体的な政策判断をしていないかも懸念される。

また、最先端の科学が必要なのだ、まだ科学的に一致した共通見解に至っていない、ということを口実にして司法審査を免れていないか、あるいは、行政機関の判断を司法府が尊重するよう誘導していないか、を慎重に見極める必要がある[7]。

シェブロン判決から判決を並べてみると、政権交代後も、前政権が以前に任命してきた裁判官が、なお司法府に存在し、前政権の方針に同調していることが感じられる。

また、テクスチャリズムを理解する上で、行政機関が共和党政権の下で運営されてきたという政治的背景が存在しているかもしれない。ただし、裁判官の政治的信条や政治力学だけで解釈手法のすべてを説明することは司法権の法解釈権限を無視することになる。

2　シェブロン判決に対するテクスチャリストの不満
トーマスの矛盾

レーンキスト・コートではシェブロン判決をスティーブンズとスカリアは支持してきたが、法文言の明確性を単純に評価するスカリアと、法文言の明確性に合わせて立法史を検討するスティーブンズは分岐してきた。スティーブンズは法文言の明確性が一見すると曖昧に見えるかもしれない場合であっても立法史と合わせて検討すれば、行政機関の法解釈を十分に明確だと支持できる場合があるという[8]。

スカリアは判決の整合性を保って、予測可能性を確保し、自らの解釈手法の説得性を保とうと腐心していた。スカリアが亡くなるまでの数年間の合衆

---

[7] *WildEarth Guardians v. United States Bureau of Land Management, 870 F.3d 1222 (10th Cir. 2017)*（気候変動の問題は科学の最先端の問題であるという主張について）.

[8] *Chi. v. EDF, 511 U.S. 328 (1994)*（Stevens J., dissenting）.

国最高裁判決でテクスチャリストの立場をとる裁判官はシェブロン法理に対する疑惑の念を抱き始めた。最近の判決は、シェブロン2段階審査プラスアルファの解釈方法を利用している。

スカリアは、2015年ペレズ判決において三十数年前と同じ程度のシェブロン尊重に対する愛情が冷めつつあることを示した。彼によれば、「オリジナルの設計をないがしろにして」、行政手続法は、「行政機関による制定法や規則の解釈の尊重を精巧に展開してきた。同法706条の『審査裁判所が、制定法の規定を解釈す』るという指令を熟慮することなく、行政機関が制定法の曖昧性を解釈するという権限があるかもしれない」と安易に認めてきてしまった。「この明らかな点について抵抗する合衆国最高裁の理由は、そよ風で倒れてしまうかもしれない」[9]。スカリアは、シェブロン法理について過去ほどの熱意を示さなくなった。

スカリアの死去に伴い、彼が単純明快だと主張するテクスチャリストの解釈手法は合衆国最高裁に大きな変容をもたらすかもしれない。

少なくとも下級裁判所の裁判官はスカリアの解釈手法に追従する義務感からは解放されたことになる。たとえば、問題となる法文言のなかで、どれが解釈を左右する要素を選び出し、次に、「法の全体の枠組み」、または「背景」をつけ加えることもある。法文言の解釈の統一性を図ることで客観性を確保し、裁判官を拘束しようとするテクスチャリストの立場からみれば、シェブロン判決は後退しているのかもしれない。

テクスチャリストのシェブロン判決に対するトーマスの不満を挙げておく。

トーマスは2015年ミシガン判決反対意見においてシェブロン法理に正面から不満を示している。トーマスの理解では、司法権とは法を解釈し宣言する独立した機関である。行政機関の法解釈は、司法権の侵害である。シェブロン法理を利用することは、判決を下す裁判官の権限を侵害するものである。ましてや、曖昧な制定法について最善の読み方が存在するにもかかわらず、裁判官が自らの解釈を放棄して、行政機関の次善の解釈を尊重しなければな

---

[9] *Perez v. Mortgage Bankers Ass'n*, 135 S. Ct. 1199, 1212 (2015)(Scalia, J., dissenting).

らないのはおかしい。法の解釈と宣言という権限を簒奪するものであり、連邦憲法の Vesting Clause に違反しているという。

トーマスは次のように結論づけた。「"なぜ"を問うために立ち止まることなく、憲法からさらに、さらに迷ってしまっているように思われる。われわれは、法の効力を喜々として、他のいかなる機関の連邦法の『解釈』を与える前に、憲法という文書をじっくりと考えるために立ち止まらなければならない」[10]。

トーマスは立法府の法制定権を重視した。行政機関が法の文言を超えて踏み込むことは立法権限を侵害しているという理屈であろう。しかし、法文言の解釈にあたり、他の解釈要素をつけ加えてきたのは、トーマスそしてスカリア自身にほかならない。

さらに、トーマスは、法文言を離れて、あるいは黙示的に議会の意図を読み込むことは非常に容易であり、危険なことであるから警戒しなければならないという立場をとっているのかもしれない。

しかし、合衆国連邦憲法の立法権侵害についてのトーマスの2015年判決反対意見は、テクスチャリストの立場をとらないブレイヤーがすでに指摘していた。

また、皮肉なことにミシガン判決から10年前の2005年の Brand X 判決[11]でトーマス執筆の法廷意見は、行政機関の解釈の変更に十分な理由が与えられるのであれば、行政機関の解釈を裁判所は支持するという。1966年に改正された1934年電気通信法の第2章は、「電気通信サービス」のプロバイダがコモンキャリアの規制下に置かれることを規定していた。2000年に第九連邦巡回区控訴裁判所は、ブロードバンドケーブルが「電気通信サービス」であるとすでに判断していた。2002年に行政機関は、行政規則でブロードバンドケーブルが「電気通信サービス」に該当せず、本規制の対象にならないと判断した。

---

10 *Michigan*, at 2714.

11 *National Cable & Telecommunications Assn. v. Brand X Internet Services, 545 U.S. 967, 983 (2005)*. ミシガン判決で引用される。行政機関は合理性の枠内で曖昧な法文言を決定するとした。

トーマス執筆法廷意見は行政機関の法解釈を支持し、連邦巡回区控訴裁判所はシェブロン法理に従うべきである、と述べた。2005年 Brand X 判決を執筆したトーマスによれば、たとえ行政機関の法解釈が裁判所の法解釈と異なる場合であっても、裁判所は行政機関の法解釈を支持しなければならない。トーマスは2005年 Brand X 判決では、裁判所は行政機関の法解釈を最善だと評価できない場合でも、シェブロン法理は、行政機関の法解釈を支持しなければならないという。当然、スカリアはトーマス法廷意見を辛辣に批判した。

　この Brand X 事件は、司法府の解釈権限についてトーマスの転向のきっかけになる。トーマス法廷意見は、行政機関の法解釈が次善であり、裁判所が最善の解釈を示すことができたとしても裁判所は行政機関の法解釈を尊重すると述べている。事実や状況の変化があれば、行政規則を通じて政策を変更しても、納得できる理由があれば裁判所は支持するという。第9章では、トランプ政権が法律の改正なく行政規則でオバマ政権の方針を転回する場合、司法府が納得できる理由を示さなければならない点を検討する。

第7章　ロバーツ・コートの最近の判例とテクスチャリズムとの矛盾

　本章では、シェブロン判決の変容を確認し、シェブロン法理は美しく、整然とした解釈手法を提供している、という過剰な期待に警戒し、判決の集積から法の解釈を抜き出し、整理する手法からシェブロン法理を検討する。

　そこで、メリル、サンスティン、ファーバーやフリーマンの用いる審査基準を参考にする。彼らの論文は時代に合わせてその評価について若干の調整が必要であるが、概していくつかの審査段階に分けるという点では同じ軸に立っているように思われる。

　前章の判決で考察してきたように、シェブロン判決には複数の解釈手法が隠れている。シェブロン判決は、連邦議会の制定した法の文言が明確かどうか、という曖昧性の存在を検討する。曖昧性が仮に存在していても、シェブロン判決に基づいて尊重しない、という選択肢をロバーツ・コートは採用してきた。

　シェブロン法理を2段階審査として用いる下級裁判所の判断もあるが、シェブロンを引用する判例が集積するにつれ、研究者の間では、シェブロン2段階審査が発動するための前提条件が必要となるのではないか、という議論が生まれてきた。これがステップ0である[1]。たしかに、シェブロン判決を

1　Thomas Merrill, *Step Zero After City of Arlington*, 83 Fordham L. Rev. 731, 735, 991 (2014) (また、連邦議会の黙示の授権はフィクションであるとも評価する。ステップ1の発動条件〔threshold condition〕、連邦議会が行政機関に授権したのかどうかをまず問うのがステップ0である). Thomas Merrill & Kristin E. Hickman, *Chevron's Domain*, 89 Geo. L. J. 833, 836-837 (2001) (2001年ミード判決で引用される。ステップ0を提唱した).

引用したとしても現在のロバーツ・コートは2段階審査に加えてさらに別のいくつかの法解釈の原理を際立って利用していた。

ロバーツ・コート以前からもステップ0の論者は、その時代に応じて、さまざまな定義を与えて議論してきた。レーンキスト・コートの時代、トーマス・メリルは、シェブロン判決以「前」に行政機関の法解釈について混在した複数の解釈法理が存在していたと指摘していた。連邦議会の規定した法文言に行政機関の解釈をあまりに単純に認定してしまうことを懸念していた。シェブロン判決以降も、シェブロン判決以前の複数の解釈法理が隠れており、スカリアとケネディの生み出した新たなテクスチャリズムと矛盾するという。彼の分析はロバーツ・コートの事案にもあてはまるかもしれない。

スティーブンズは、シェブロン判決で法文言の明確性を審理する際に、立法史にも注目して、議会の意思を認定していた。議会の意思を裁判所が認定する作業において、法文言の明確性を審査するだけでなく立法史も法解釈に大きな意味をもっていることになる。

シェブロン判決については1980年代から批判されてきた[2]。ブレイヤーは、長期的にみてシェブロン判決を単純化する流れは破たんするかもしれない、と予言していた。また、メリルによれば、シェブロン判決は伝統的な法解釈原理をなんら変容させたり、喪失させたりする類のものではない。シェブロン判決の解釈手法は、斬新なものではなく、シェブロン判決以前の動きと一致したものである。彼は、行政機関の法解釈を「先例」として扱い、法解釈原理のなかに組み込もうとする。裁判所が法解釈を行う際に、どれだけ行政機関の法解釈の先例を取り込むか、を検討している。シェブロン判決が登場して以降、その解釈手法が過剰に期待され、シェブロン判決が行政機関の法解釈を拡大させるようになったとか、あるいは、逆にその尊重の程度が弱まったという[3]。

2　Breyer, *Judicial Review of Questions of Law and Policy*, 38 Admin. L. Rev. 363, 373 (1986).

3　Merrill, *Judicial Deference to Executive Precedent*, 101 Yale L. J. 969, 970, 990 (1992)（ステップ1において議会の明確な意図〔specific intention〕から平易な意味〔plain meaning〕に徐々に移行している。スカリアの解釈手法は当初は尊重を支持していたが、結局、尊重を否定する方向に向かっている。シェブロン以前の法理は決して消滅していない）.

たしかに、ロバーツ・コートでも、シェブロン判決と新たなテクスチャリストとの矛盾が示されてきた。ここでロバーツ・コートがシェブロン判決を根拠にして判断した主要な判例を暫定的に分類しておく。

たとえば、キング判決、FERC 判決は、行政機関の規制権限を最初に確認していた。そして、シェブロン法理の適用を最初に否定している。ウィスコンシン判決は文言の明確性で分岐した。FERC は法文言の明確性を簡単に認定し、キング判決は法文言の曖昧性を認めておきながら、本件の文言解釈の困難性がシェブロン法理を発動させる種類の曖昧性とは異なると判断した。また、ミシガン判決、UARG 判決、エンテージ判決では、法文言の曖昧性を認定しておいて、次に行政機関の法解釈に対する尊重の程度を驚くほど上下させた。テクスチャリストの立場では、法文言のなかに複数の解釈から導かれる異なる政策が存在することを認めにくい。

最近の事案では、シェブロン判決のきめ細やかな適用で対応しようとしているように見える。シェブロン法理は、2 段階に加えていくつかの解釈法理を用いて判断しているといえる。

1　ステップ 0
シェブロン 2 段階審査の発動する前提

前章で検討してきた判決は、シェブロン法理と呼ばれる 2 段階審査にあたり、ロバーツ・コートではさらに他の解釈手法が利用されてきたことを示している。

論者によってステップ 0 の定義には争いがある。ある論者は、ステップ 0 では、行政機関が規則制定権限を有しているか、を問う。もしその回答が No の場合、シェブロン尊重は限定される。前章で検討したように行政規則制定手続の違いに応じて、尊重の程度を区別すべきかどうかは争いがあった。スカリアは行政規則制定手続と無関係に行政機関の法解釈を尊重すべきだと当初は述べていた。また、行政機関の専門性に頼らずに司法府は尊重の程度を弱める場合もある。法文言の解釈の困難性がシェブロン尊重法理を発動するだろう曖昧性の種類とは異なるからシェブロン判決を発動しない、あ

るいは法の文言が明確であると断じる事案もロバーツ・コートで登場した。

　2001年ミード判決をシェブロンステップ0に位置づけようとする学説も存在する[4]。あるいは、ミード判決でシェブロン尊重が限定され、法的拘束力を有する規則制定権限が行政機関に認められるかどうか、を問うのがステップ0であるという主張もある。

　少なくともこれらの論者は共通して、シェブロン判決は二つのステップだけで構成されない、と主張している。メリルは、下級裁が2段階審査とシェブロン法理に触れているが、正確には合衆国最高裁は2段階審査とは述べていないと指摘している。

　サンスティンは、ステップ0に属する判決[5]をロバーツ・コートの登場「前」に検討している。サンスティンが主張するステップ0は、対審型の手続を踏まない告知とコメント手続を踏んだ行政規則について司法府の尊重の程度が低くなってしまった、という文脈でミード判決の分析のなかで語られている。

　ファーバーとフリーマンは2015年キング判決をステップ0に位置づける[6]。これらの論者は、レーンキスト・コートがステップ0の抱える問題を自覚的にあるいは無意識に解消しないままシェブロン2段階審査だけが独り歩きしてしまった、と考える。彼らに加えてオコネルもまた、行政機関の法解釈を裁判所がさして吟味することもなく不用意に尊重する方向に向かってしまったとも評価する。この点につきスカリアが嘆いている点をすでに触れた。

　2015年キング対バーウェル判決は法文言が「曖昧」であると認定しながらも、シェブロン法理を適用している。連邦議会で制定される法の文言は、一見すると客観性があり、明確であるように思われる。しかし、法文言の曖昧性は、適用しようとする場面に応じてそのつど発生するものである。

4　サンスティンは、ミード判決をステップ0に位置づけておいて、シェブロン尊重に好意的であった。Cass Sunstein, *Chevron Step Zero*, 92 Va. L. Rev. 187（2006）.

5　*Barnhart v. Walton*, 535 U.S. 212 (2002). *United States v. Mead Corp.*, 533 U.S. 218 (2001). *Christensen v. Harris County*, 529 U.S. 576 (2000).

6　Freeman, *The Chevron Sidestep: Professor Freeman on King v. Burwell*, Available at 〈http://environment.law.harvard.edu/2015/06/the-chevron-sidestep/〉.

キング判決反対意見のテクスチャリストたち（スカリア、トーマス、アリトー）は、シェブロン法理をいっさい引用すらしなかった。スカリアの立場では、連邦か州という法文言の矛盾は連邦議会がそもそも解決すべき事柄である。どうして法文言の曖昧性を認めて、シェブロン法理を発動する根拠が本件では異なるのだ、とわざわざロバーツが説明する根拠が理解できない、とスカリアはロバーツを非難する。

　2007年マサチューセッツ判決や2015年ミシガン判決といった大気汚染や2009年エンテージ判決のような水質汚濁の事案についてテクスチャリストの裁判官はシェブロン法理を適用しようと考えてきた。これはシェブロン判決が大気浄化法に関する事案だったからであろう。オバマケアに関する社会保障の分野になると、彼らはシェブロン法理を進んで適用しようとはしていない。どちらも行政規則の法解釈が問題になっている事案で共通しているはずである。事件の種類を無視してシェブロン法理を、「行政機関の法解釈を裁判所が尊重するかどうか」、という視点でみるとシェブロン法理の抱える限界が浮かび上がる。シェブロン法理は事件の種類、分野に応じて使い分けられるように思われる。

　第一に、2015年キング対バーウェル判決は、司法権の法解釈権限までさかのぼって検討していた。そして、法文言よりも文脈と構造を優先させた。本件では、シェブロン法理の尊重の根拠となるだろう行政機関の専門性を否定した。「文脈」と「法の枠組み」の手法を採用している点で2015年キング判決は2014年 UARG 判決と共通している。2014年 UARG 判決との大きな違いは、2015年キング判決がシェブロン法理のステップ１やステップ２への審査を進めていない点である。

　第二に、連邦議会の制定する法が一般性や抽象性を抱えており、生来的に完全ではなく、文言にどうしても欠陥が生じることを指摘している。法の解釈適用は、それぞれの具体的事案において問題になるのであって、曖昧性が生じるのはやむをえない点がロバーツ・コートで意識されるようになってきた。

　第三に、連邦議会は黙示的に行政機関に法文言の曖昧性を埋める役割を授権しているのが通常である。シェブロン判決スティーブンズ法廷意見は明

示、ないし黙示の授権について触れていた。しかし、例外的に連邦議会の黙示の授権が疑わしいと位置づけたのが2015年キング対バーウェル判決であった。

　第四に、シェブロンステップ1を用いれば、曖昧性は行政機関にとって有利にはたらくはずだ、とかつては予想できた。しかし、キング対バーウェル判決ロバーツ執筆意見は、文言の曖昧性を認めたうえで、文脈に照らして、そして法の枠組み全体から見渡せば曖昧性は解消され、明確になるという。そして、ロバーツ執筆法廷意見は立法史という言葉こそ用いていないが、シェブロン尊重が作動する曖昧性とは事情が異なるのだ、と述べた。

　2001年ATA判決は、このキング判決同様に、もともと曖昧だった法文言が他の規定に照らして明確になったのでシェブロンステップ1が作動していたという。2015年キング対バーウェル判決も同様に、曖昧な法文言と認定して、他の規定の文言、または文脈や枠組みで文言が明らかになったという理由でステップ1あるいはステップ2を適用して解決することもできたはずである。法文言の明確性を認定して、連邦政府の設置する取引所での保険加入に控除を認める行政機関の解釈を支持することもできたはずである。

　第五に、「経済的、政治的重要性」が大きい場合、2015年キング対バーウェル判決によれば、シェブロン判決はいっさい適用されないという。保険市場の崩壊はアメリカ社会の政治的、経済的に重要なのだ、と説いた。「経済的、政治的重要性」は2014年UARG判決スカリア執筆法廷意見でも顔を出すことになる。大気浄化法上の行政規則の課す負担があまりに重いから「経済的、政治的重要性」は行政規則を支持できない根拠となりうる、と指摘する。この「経済的、政治的重要性」は裁判管轄と関連する。裁判所が政治的重要性を判断する権限を有しているのか、が裁判管轄という言葉で用いられる。この点は後述する。

　最後に、2015年キング対バーウェル判決ロバーツ執筆法廷意見が意識しているのは次の点かもしれない。もしステップ1をそのまま適用すれば、当時のオバマ政権のオバマケアを合衆国最高裁が支持していることを正面から認めることになる。ステップ1を用いて文言が明確であると判断した場合、現政権に対する合衆国最高裁の姿勢が明確化し、その判断がもたらす効果はき

わめて強くなる。ステップ 2 を用いて、曖昧性を前提に行政機関の解釈を支持したとしても、次の政権が社会保障の問題をオバマ政権と正反対の方向に進める可能性が残される。ロバーツの巧みな説明はトランプ政権の大統領命令を予想していたのかもしれない。

2　ステップ 1 の事案

　ロバーツ・コートはステップ 1 で、法文言が曖昧かどうか、をいっそう厳しく問うようになった。もし法文言が曖昧であれば、ステップ 2 へ移ることができる。もし曖昧でない場合、合衆国最高裁は自らの制定法解釈を用いることがある。

　議会制定法の文言が曖昧であることを認定したうえで、法文言が明確であり、裁判所はひとつの結論だけしか導けない、と考えた2001年 ATA 判決のほかに、移民に関する2014年スキャラバ判決、2007年マサチューセッツ対 EPA 判決がこのステップ 1 に挙げられる。ステップ 1 でスカリアがレーンキスト・コート時代に多数派を構成して、行政機関の法解釈を長らく単純に支持してしまったことで、レーンキスト・コートではステップ 2 が必ずしも有効には機能しない、と指摘された。ステップ 2 に進めば、おそらくは行政機関の判断が尊重されるのだろうという期待が訴訟当事者や行政機関に生まれた、といえる。ロバーツ・コートは、ステップ 2 に踏み込んで裁量の程度を弱める判断が増えている。シェブロン法理の操作可能性、そして、テクスチャリストの立場をとる合衆国最高裁の裁判官の落胆が判決のなかで示されるようになってきた。

　2001年 ATA 判決は、法の解釈にあたり、複数の意味を有している文言は、その前後の状況（surrounding）に従って意味が確定される、と述べた。連邦議会が高度に重要な争点を手つかずにしたことは考えられず、その解決は行政機関に委ねられたものと理解される。法文言の曖昧性の存在の認定は裁判所が考慮すべき要素のひとつとなる。連邦議会は、曖昧な規定や、付属的な規定をもって規制枠組みの根本を変更することはない。

そして、2007年マサチューセッツ判決は、行政機関の規制権限を認めた。大気浄化法の規定に従えば、行政機関は複数の規制手段のいずれを採用するか、という裁量権が認められる。そもそも州に温暖化に伴う海面上昇の沿岸部の浸食や流出による原告適格など認められず、大気汚染と地球の温暖化は大気浄化法の対象ではない、必要であれば立法府が議会で法を制定せよ、と結論づけることはできたはずである。しかし、法廷意見は、原告適格を認めたうえで、大気汚染物質の文言を確定し、シェブロン法理を用いた。行政機関は温暖化について、一回的な解決ではなく一歩一歩解決していく、という。

移民に関する2014年スキャラバ判決では、行政機関は、文言の解釈を調和させる義務を負う点を強調した。文言の解釈に矛盾があれば、立法府の法改正だ、と簡単に法解釈作業を放棄することも可能であるが、ケーガン執筆法廷意見は、シェブロン法理を用いつつ、次の法理を採用した。本規定の「ともに (and)」の文言を、その前後を別個独立して判断すべきではない。また、文脈 (context) に従えば、分離するのではなく、並列して (in tandem) 解釈すべきである。先着順で処理するという行政上簡便な手続に従ったにすぎない。スカリアの2014年 UARG 判決の「文脈」を同じ年に判断されたスキャラバ判決でケーガンは利用した。

2016年 FERC 判決は、行政機関の権限は明確であり、行政機関の解釈がシェブロン尊重に値するという判断は不要である、と簡単に片づけた。州際通商に連邦政府が介入しているかどうかでケーガン執筆の法廷意見とスカリアが分岐した。スカリアは、連邦行政機関の規制権限の範囲を審理しなければならないと指摘している。この事案では連邦政府と州政府の管轄でケーガン執筆の法廷意見とスカリアは分岐しており、シェブロン法理は発動していないが、州際通商条項という連邦主義の問題が行政機関の権限の判断とかかわっていることを示している。スカリアのテクスチャリストの解釈が際立って示されている。

次にステップ2を検討する。2014年 UARG 判決、2015年ミシガン判決、2014年 EME ホーマー判決はステップ2に位置づけられる。

3 ステップ 2 の事案

　ステップ 2 では、司法府は、曖昧な法文言についての行政機関の解釈が合理的で許容できるか、を問う。その場合に、たとえ裁判所が異なる優れた解釈を採用できたかもしれない場合かどうかを問わない。この点をトーマス裁判官は司法権の法解釈権限の簒奪だ、とミシガン判決で主張していた。ステップ 2 は行政機関の法文言解釈が許容できるかどうか、を審査する。ロバーツ・コートのステップ 2 は、レーンキスト・コートで用いられた「恣意的で不合理な審査」と似通っている。ロバーツ・コートではステップ 2 では行政機関に対する尊重の程度が驚くほど減少し、シェブロン法理の予測可能性は低下した。法文言に複数の解釈が存在する場合、または複数の文言を参照したうえで、複数の政策がひとつの法律に存在する、と判断してきた。2015年ミシガン判決、2014年 UARG 判決、2007年ワイルドライフ判決がここに含まれる。

　2014年 UARG 判決は、同一の法律に明確な意味（plain meaning）が存在しているのであれば、それを解釈として採用すべきであるという手法を放棄した。政策的判断についての裁判所の姿勢を示していた。法廷意見は、大気汚染「物質」についての文言の統一的な解釈が、法令の背景や文脈の前に劣後する場合がある、とした。そして、既存の大気浄化法では温暖化に対応できないため連邦議会が法改正しなければならない。スカリアによれば、議会制定法には、温暖化対策を含めた異なる複数の方針と固定発生源からの温室効果ガス（GHG）の規制権限が隠れている。大気浄化法の構造と設計、そして背景をスカリア法廷意見は強調した。

　スカリア法廷意見は、連邦議会から行政機関に対して調整規則について明確に授権されていない、と結論づけた。もし文言をそのまま執行した場合に、制度が破綻してしまう場合に、わざわざ行政機関は規則を改訂する必要もないし、できない。そのような行政機関の規則改訂は授権された権限を逸脱していることになる。

　「いかなる発生源（anyway source）」から排出される GHG に利用可能な最善

の統制技術が適用されるという行政機関の解釈は、シェブロン判決に従い、合理的な解釈として許容できる。ただし、行政機関が「いかなる発生源」に対して GHG を「利用可能な最善の統制技術（Best Available Control Technology: BACT）」に適合させるよう求めることができる場合とは、発生源が GHG の僅少量を超える場合に限られる。許可制度に設けられた「なんらかの汚染物質」は解釈の余地を許す文言であり、問題となる一連の汚染物質が規制枠組みのどれに服するのか、を特定するように行政機関に判断を求めている。

「利用可能な最善の統制技術」は、PSD 許可や第 5 章許可と比べて明確である。「利用可能な最善の統制技術」は、同章の規制に服する「それぞれの汚染物質」に要求されている。行政機関の判断する範囲を連邦議会がすでに確定している。本法の背景から広くみても、「利用可能な最善の統制技術」の解釈を限定するように求めていないし、全体からみわたしても、行政機関に「each pollutant subject to regulation under this chapter」の文言を広げて解釈することは示されていない。

他方で、ブレイヤー意見は、不文の例外を特定の数値に行政機関が読み込むことができると主張していた。2007年マサチューセッツ判決は、「なんらかの大気汚染物質」に GHG が含まれると解釈していた。しかし、2014年 UARG 判決スカリア法廷意見は、第 5 章と重大な悪化を防止する方策をとった許可の「なんらかの大気汚染物質」の文言については、2007年マサチューセッツ判決と同程度に文言の統一的解釈に拘泥せず、むしろ「大気汚染物質」の解釈を限定した。

次に、2015年ミシガン判決スカリア執筆法廷意見は、行政機関の解釈に対する尊重を驚くほどに限定した。連邦議会が明示的に行政機関に命じていない場合であっても早い段階で行政機関は費用便益分析（本件では費用の評価）をしなければならないという。なぜなら、「適切かつ必要」の文言に、公衆の健康に影響を及ぼす水銀が残留することを研究が示しており、有害物質を統制する技術が存在するからである。

もともとのシェブロン法理では、「適切な」というような包括的な文言では、行政機関の解釈裁量は大幅に認められるように思われる。シェブロン判決の当時のスカリアであれば、行政機関の解釈を尊重していたかもしれな

い。

　しかし、費用便益評価を最初は排除して、次の段階で評価することが「合理的」だという行政機関の解釈を退けた。スカリアはもっと初期の段階で費用評価を実施すべきで、行政機関の解釈は許容できないと述べた。本判決は、環境規制において連邦議会が費用評価を明示的に禁止していない場合は、行政機関は費用評価しなければならないと読むことができる。

　2015年ミシガン判決はステップ2で行政機関に対する尊重の程度は減少させた事案である。ステップ2では、行政機関の法解釈が必ずしも最善である必要はない。少なくとも行政機関の法解釈が合理的であるかどうかを審理して、行政機関の政策的な判断を尊重しようとするものである。ミシガン判決でスカリアはステップ2を用いて、行政機関の法解釈をおよそ完全に否定して、司法府の法解釈を行政機関に強いる判断を下した。

　2009年エンタージ判決と2014年EMEホーマー判決は行政機関の行政規則をステップ2を用いて支持したが、2014年UARG判決、2015年ミシガン判決は同じシェブロンステップ2を用いて行政機関の法解釈に対する裁判所の尊重の程度を減少させた事案として理解できる。両判決で尊重の程度を減少させる根拠となるのが、「文脈」であった。

　2015年ミシガン判決スカリア法廷意見は「文脈」に加えて、エンタージ判決の「背景」を追加して、尊重の程度を減少させた。行政機関は複数の規制手法のうちいずれかを選択する権限を有している。ミシガン判決ケーガン反対意見の言葉を借りれば、スカリア法廷意見は裁判所が複数の規制手段のうちのひとつを選択して、この規制手段を用いよ、と行政機関に命じたとも理解できる。

　ロバーツ・コートでは、亡きスカリアとトーマスの2人はシェブロン法理の熱心な支持者ではなくなってきている。ほかの7名の立場も、彼らほどに明らかではなく、どのように多数派が構成されるのかは明らかではない。したがって、将来を予想するのであれば、現在の判決の理由づけに注目する必要がある。

　とりわけステップ2で行政機関の法解釈を否定する2015年ミシガン判決では裁判官の意見が大きく分岐している。この判決に、どのような意義がある

のだろうか。

　シェブロン判決は、カーターからレーガンに大統領が交代して、政権の方針に沿って規制が大きく変わる場合、行政規則が変更され、連邦法の解釈が変わる場合であった。もともとステップ2には首尾一貫性と予測可能性を担保し、下級裁の判断を統一化させ、規制に関係する行政機関や利害関係人の利益を確保している利点があった。しかし、ステップ2でのおよそ行政機関の判断を司法府が代置するようなミシガン判決の手法は、この利点を失わせることになる。

　また、大統領命令は、その下にある行政機関に対して規則制定において大統領の政策に一致させるという統制のもとに行政機関が置かれることになる。政権交代に伴う行政機関の行政規則の変更には大統領命令の要素が絡んでくることになる。トランプ大統領命令については第9章で検討する。

第8章 シェブロンの4段階の解釈手法

ここではシェブロン法理をこれまでの判決と学説の検討をふまえて、次のように試験的に提示してみる。ステップ0、ステップ1、2は次のように整理することができるかもしれない。尊重の根拠について語られる専門的な知識と民主主義的正統性についても検討しなければならないだろう。

1 シェブロン4段階テスト
シェブロン法理の示す「専門性」と民主的正統性

ステップ1、ステップ2はそのままに、その前段階には次の二つのステップが存在するのではないだろうか。

まず、ステップ−1で裁判所は、制定法の核心に触れる主要な問題な問題であるかどうか。あるいは連邦と州の関係を変革するものか。または、矛盾する法律の規定と関係しているかどうか、を問う。ステップ0で行政機関に規則制定権が認められるかどうか、を裁判所は判断し、ステップ1で議会制定法の文言は曖昧かどうか、を問う。最後に、ステップ2で行政機関の法解釈は合理的か、を制定法の枠組みと、裁判所の公共政策に関する観点からみて判断する。ステップ2に至ったとしても、行政機関の法解釈が必ずしも尊重されるとは限らない。ただし、前章では、これを「裁判管轄」、「原告適格」という言葉で説明する場合もあった。

ステップ−1（マイナス1）　制定法の核心に触れる主要な問題な問題であるかどうか。あるいは連邦と州の関係を変革するものか。または、矛盾する法律の規定と関係しているかどうか。
ステップ0　行政機関に規則制定権が認められるかどうか。
ステップ1　議会制定法の文言は曖昧かどうか。
ステップ2　行政機関の法解釈は合理的か、制定法の枠組みと、裁判所の公共政策に関する観点からみて判断する。

2001年ミード判決はシェブロンステップ1、ステップ2に新たなステップを追加したため、−1や0ステップとして説明される。

先に検討したように、判決の系譜からこのように四つに並べてみても、その間に行政手続法の改正や大統領命令などが存在している以上、必ずしも判決を整理する作業だけですべてを秩序立てて説明できるということはできない。前章、本章そして次の章の検討は独立せず、それぞれが有機的に関連している。

シェブロン判決以前は、行政機関の法解釈の主張が尊重に値する根拠は、行政機関が法を執行しているという専門性であった。すなわち、法を現場で執行する際の実用的で技術的な点を裁判所が尊重しているというものであった。これがいわゆる1944年スキッドモア尊重である。スキッドモアは尊重にあたって、次の要素を示していた。行政機関の理由づけの説得力、法律の複雑性、行政機関の専門性の程度、行政機関の見解の首尾一貫性、そして、争点に対する慎重な考察などである。

そして、シェブロンはいわゆる2段階審理を示したとされる。これは、ステップ1で制定法の文言は明確かどうか、を問う。もし明確であればその文言の意味が統制する。

ステップ2で法の文言が曖昧であれば、行政機関の法解釈が裁判所によって尊重される場合とは、その解釈が合理的であることである。たとえ裁判所が代替的な解釈をとることができたとしても行政機関の法解釈を尊重する。

シェブロン判決はこの二つのステップを通じて、スキッドモア尊重を精錬させた。

そして、2001年のミード判決は、シェブロン尊重の程度を下げ、シェブロン判決の尊重が発動する条件を追加した。一般的に法的効力を有する行政規則を制定する権限を連邦議会が行政機関に授権したのかどうか。そして、法解釈の尊重を裁判所に求める行政機関の解釈が、行政機関が与えられた権限を行使する際に認められたものといえるのかどうか、を問う。これがステップ0である。

　ミード判決では、連邦議会が行政機関のために設定した手続は、行政機関に規則制定権を授与したとは考えられないので、1944年のスキッドモアと同じ程度の尊重しか認められないとした。

　ミード判決の尊重の根拠は、行政機関の専門性を根拠にしているが、ミード判決では、裁判所は法解釈について行政機関に代置して独自の解釈を提示している。

　ミード判決以降、シェブロン審査は、次の三つの段階を踏むように至る。

　ステップ0で、行政機関が法的拘束力のある規則を制定する権限を有しているかどうか。もし認められない場合、シェブロン法理は適用されない。しかし、それでもなお行政機関の専門性を根拠にして、尊重の程度が小さなスキッドモア尊重には値する可能性がある。

　ステップ1で、法文言が曖昧かどうかを問う。もし明確な場合、裁判所は、法解釈を自ら判断する。さもなければ、ステップ2に移る。

　ステップ2で、行政機関の解釈が合理的かどうか、を問う。その際、裁判所が異なる別の解釈を採用できたかどうか、は問わない。

　このようにステップ1を明示することで、裁判所は、法の意味を決定するという伝統的な権限を保持することができた。しかしながら、ステップ2まで進んでしまうと、その解釈が合理的で許容できるものといえるのかどうか、は、恣意的で専断的な審査の手法ときわめて類似することになる。少なくとも行政機関の解釈を合理的だ、と認めた場合、その解釈を裁判所は尊重してきた。

　2014年スキャラバ判決では、移民の地位に関する二つの規定の解釈が争点となった。個別意見でロバーツ、スカリア、アリトーは、シェブロン法理は制定法の文言が完全に矛盾している場合は適用されないはずだ、と述べてい

た。
　他方で、2015年キング判決では、法文言の解釈がたとえ困難であったとしても、シェブロン法理を発動する「曖昧さ」に該当しないのだから、シェブロン法理を発動させなかった。オバマケアというきわめて社会的に重大な判断を迫られる場合は、そもそもシェブロンは発動しないのだ、とロバーツは条件を追加した。これがステップ－1である。州際通商条項には依拠しないで支出権限を通じて、連邦主義の争点を回避した。
　ステップ1で制定法の文言が曖昧かどうかを審理する際、ロバーツ・コートで曖昧さの認定が分岐するのは当然のことかもしれない。なぜなら、法の解釈において法文言が明確な意味をもっているのかどうかで一致することはそもそも難しいという事実があるからである。法文言の明確性を説明するひとつの手法がテクスチャリストの文言を重視するものである。あるいは、法の目的そして、立法史を重視することで法文言の明確性を測ろうという手法もあった。
　ステップ2は、さらにロバーツ・コートで発展した。ミシガン判決は、ステップ2で環境保護庁（EPA）の主張を退けた。スカリア執筆の法廷意見は、ほんの些細な環境上の便益のために多額の経済的負担を課すのは「合理的」であるとはいえない、と述べた。「適切かつ必要」の文言は費用を含んでいるはずだ、と指摘した。
　そして、たとえ法文言が広範であり、EPAに対してなにが適切か、を判断する点に広い裁量権が認められたとしても、EPAの解釈は尊重に値しないという。ミシガン判決は、ステップ2の尊重の程度を弱める判決と位置づけられる。
　この四つのステップは判決を検討する上の一応の目安であり、それぞれの解釈要素は異なるステップでも登場し、結論を左右していた。

2　学説の動向
専門性と民主的基盤

　シェブロン判決（と1944年スキッドモア判決）は行政機関の判断を尊重する

根拠となる「専門性」を示している。この専門性は、法律家の法文言の解釈についての専門性と特定分野の専門的知識の二つを含んでいるのかもしれない。法を解釈するという権限が司法府に排他的に属していると考える場合、なにゆえ法を解釈する権限が司法府から行政府に移譲されなければならないのか、という疑問が生じる。

かつてサンスティンはシェブロン法理の二つの根拠を指摘していた。第一に、専門技術性が司法府の尊重を要請するという。この根拠は、あいまいな文言を前にした場合、裁判官よりも公務員のほうが専門技術的な判断に優れているという意見である。第二に、行政機関の民主的な基盤を有しているために司法府が尊重する。ステップ2では、法文言の曖昧性に直面し、価値判断（judgment of value）を伴う場合、司法府よりも民主的な基盤を有する行政機関によって判断されるべきである、という。

しかし、この説明だけでは現在のシェブロン法理の分岐する解釈を説明しきれない。専門性という名前で、無盲目に行政機関の法解釈を尊重する裁判所に学説は警戒しなければならない。法文言の忠実な解釈という点ではシェブロン判決はもはやロバーツ・コートのテクスチャリストから支持を得られていないからである。レーンキスト・コートの2001年ミード判決は行政機関に規則制定手続の負担を課すことで、尊重の程度を限定し、行政機関から司法府に法解釈権限を奪い返そうとした事案と位置づけることも可能である。

他方で、行政機関の有する専門的技術的な知識という意味の「専門性」を根拠にして裁判所が尊重する場合も存在する。オゾン、PM、冷却水取込装置についての行政機関の知識が司法府の尊重を引き出す事案である。たしかに、2009年エンタージ判決では水質浄化法の規定に基づいた、冷却水取込装置の負担について争いになっていた。また、2015年ミシガン判決では、規則遵守のための負担をいずれの段階で判断すべきか、研究分析に従ってどのように費用を判断すべきかが問題になっていた。

ファーバーによれば、「法を解釈する」という作業のなかに、なにが最善な政策なのか、という政策的な価値判断が含まれている場合、必ずしも専門技術的知識だけを根拠にして行政機関の解釈を司法府が尊重する根拠を説明しきれない場合がある。

たしかに法解釈における「専門性」が意識される場合、現場の最前線にいる行政機関の法が、行政機関の有する科学的な知識に精通しており、現場に即した法解釈を行うことができるかもしれない。他方で、それが法廷に持ち込まれた場合、それは法廷の訴訟戦略になる。行政機関の法解釈を目にして、裁判官が自分の解釈を通じて、一定の政策形成を担うことができるのか、も問題となっている。

　また、法文言の曖昧性に複数の政策間の選択が絡んでいる場合、その選択の客観性を担保することは司法府の解釈でも可能ではないか、も検討される。

　費用便益分析が法解釈の客観性を担保する、と2015年ミシガン判決スカリア法廷意見は信じていた。ロバーツ・コートでは発電所からの有害物質の規制を遵守するための費用を法の文言にどのように読み込むのか、風上の州が、風下の州の規制基準未達成にどれだけの負担を負うべきか、が問題になってきた。

　これらのシェブロン法理の検討で登場してきた規則制定における費用便益分析は、シェブロン法理登場当時は、法学ではそれほど意識されてこなかった分析手法である。環境を保護する立場からは費用便益分析は否定的に評価されていた[1]が、むしろ現在では費用便益分析は巨大化する行政権の横暴を縛る点が高く評価されている。法解釈の作業において、費用便益分析をどの程度、採用し、それが法解釈の客観性を担保するか、という争点と関連している。サンスティンはいずれの時代も費用便益分析に好意的であったが、ファーバーは費用便益分析については行政機関の説明責任としての役割に限定し、行政権を統制しようとしている。

　シェブロン判決スティーブンズ法廷意見は、政治部門の民主主義的正統性を根拠にしていた。たしかに連邦議会の下に置かれる行政機関のほうが司法府と比べると民主的に説明責任を負っている。司法府よりも行政機関のほう

1　Frank Ackerman and Lisa Heinzerling, *Pricing the Priceless: Cost-Benefit Analysis of Environmental Protection*, 150 U Pa L Rev 1553, 1578–1581（2002）（定量化できない健康をどのように評価するのか、と疑問を呈し、費用便益分析の限界を提示する）.

が、民主的な説明責任を果たすうえで、曖昧な文言を解釈するのに優れている[2]。しかし、委任(授権)理論は一種の擬制にすぎない[3]。

そのため、連邦議会の設定した権限の範囲内で行政機関は動いているかどうか、を司法府は問題にする。これを「裁判管轄」という点で表現するのが2013年アーリントン対FCC判決[4]かもしれない。連邦憲法上、裁判管轄を決定する権限は連邦議会に属している。シェブロン判決スティーブンズ法廷意見は、議会の意図を探る点だけをみれば、行政機関を大統領ではなく連邦議会の代理人として位置づけていた[5]。2013年アーリントン判決ロバーツ反対意見は行政機関とともに行政府の巨大化を懸念していた。

そして、時代を経ると連邦議会のもとにあるはずの行政機関の位置が大きく揺らぐことになった。法律の根拠を有しない行政機関の存在にも注目する必要が生じた。そもそも行政機関のなかには情報・規制問題室(OIRA)の行政規則の審査権限のように議会制定法の根拠がはっきりしない機関が存在し、実務が行政法理論と一致していない点をオコネルとファーバーは指摘する[6]。

行政機関の種類は多種多様であり、「民主的基盤」、「行政機関」の言葉だけで司法府の尊重の根拠にするだけでは不十分かもしれない。トランプ政権のEPAへのスコット・プルーイットの任命とその後任の人事をみれば、行政機関の長に対する任命権も問題になっている。

第三に、対審型・告知とコメントの規則制定手続を踏んだ行政規則が司法府の尊重の程度を高める根拠は、規則制定手続に利害関係人の参加が手続上、保障されている、規則を信頼した者の利益を保護する、行政の恣意的な運用を統制することにあった。法的効力を有しない解釈規則の変更は、行政の独善を生み、関係者の信頼利益を損なうことになる。その場合、告知とコ

2　David J. Barron & Elena Kagan, *Chevron's Nondelegation Doctrine*, 2001 Sup. Ct. Rev. 201, 242-243（2002）(行政機関は大統領を通じて人民に対して責任を負っているという意味を強調する).
3　Kevin M. Stack, *Chevron is Dead, Love Live Chevron*, 115 Colum. L. Rev. 1867, 1876（2015）.
4　*City of Arlington, Tex. v. FCC*, 133 S. Ct. 1863, 1869 (2013).
5　David Barron & Elena Kagan, *Chevron's Nondelegation Doctrine*, 2001 Sup. Ct. Re.
6　Farber & Anne Joseph O'Connell, *The Lost World of Administrative Law*, 92 Tex. L. Rev. 1137, 1140, 1152, 1183（2014）(あるいは行政機関の長の任免に注目する).

メント手続を踏むように行政手続法の文言を読み替えるのは説得力がある。ただし、アウア判決は、この主張を退けた。法文言に忠実であろうとすれば、この作業は立法府の仕事になろう。

次章で検討するが、レーガン大統領命令以降、大統領の政策決定は大きく行政機関に影響を及ぼすことになった。解釈規則の変更は、関係する利害関係人にいっそう大きな影響を与えることになる。行政機関が規則制定権を行使しない場合、市民の側から規則制定権の行使を求めることもある。

シェブロン判決それ自体は、法的効力の有無、規則制定手続についてなにも述べていない。2001年ミード判決は、解釈規則にもシェブロン判決は作動することになると示した。そして、2015年ペレズ判決では、告知とコメント規則制定手続を踏まない行政規則をシェブロン（1944年スキッドモア）尊重することを示した。2015年ペレズ判決は、解釈基準の変更に行政手続法に明文上、要求されていないのだから告知とコメント手続は不要であるとした点で利害関係人の信頼の保護は後退したことになる。

それぞれの判決の背景となる時代と行政手続法の展開にも注意しながら評価しなければならない。また、シェブロン判決をわが国での適用可能性について検討する際、行政機関の専門性、民主的基盤、大統領の下にある行政機関に対する人事予算の監督権に加えて次の点を考察しなければならない。

第一に、行政機関の行政規則が必ずしも遵守されていないという「法と現実との乖離」を示している。人・時間・資源に制約があり、法の遵守を確保できない点から検討しなければならない。

第二に、英米法上、エクイティ上の裁判所と司法裁判所の沿革が異なる以上、異なる機能が要請されている。司法裁判所の設立において、英米法上の経緯を経ていない日本において妥当するかは明らかではない。

3　原告適格、裁判管轄そして本案審理

行政機関の法解釈をめぐる争いでは場合によっては2007年マサチューセッツ判決ロバーツ反対意見が示すように、そもそも原告適格を認めず、門前払

いできたはずなのに、ロバーツ・コートはあえて本案審理まで持ち込んでいる。連邦憲法の求める原告適格は、行政機関が複数の規制を一体としてはたらかせるように設定した規制枠組みの一つひとつをわざわざ別々にとりあげて、個別の損害を申立人に立証させるのか、という争点を抱えている。

　そもそも2014年UARG判決の原審のコロンビア特別地区連邦裁判所は調整規則を争う点で原告適格を欠くと判断していた。コロンビア特別地区連邦裁判所[7]は、大気浄化法の規制対象としてきた伝統的な大気汚染物質に温室効果ガス（GHG）を含めるというEPAの判断を争うための原告適格が認められないと判断していた。

　合衆国最高裁は、そもそもシェブロン法理に頼らずに、2007年マサチューセッツ判決ロバーツ反対意見のように原告適格を否定するか、あるいはいきなり2007年マサチューセッツ判決スカリア反対意見のように、法文言を根拠にGHG規制は大気浄化法の外にある争点なのだ、とはじきだしてしまえば十分だったはずである。

　しかし、2014年UARG判決スカリア執筆法廷意見は、原告適格を認めたうえで、大気浄化法の文言が曖昧であることを認定した。2007年マサチューセッツ判決スカリア反対意見の「法文言の明確性（plain meaning）」の解釈を貫徹しなかった。そして、シェブロンのステップ2で審査した。スカリアはレーンキスト・コート時代のステップ2の尊重の程度を限定させた。大気浄化法の文言には、温暖化を含めた複数の政策を読み込むことが可能であり、「固定」発生源に対するGHG規制権限が認められても、複数の選択肢を選択する権限が認められる。

　原告適格を精密に審査することは、事実上の損害などの要件を審査することで、実質的に本案審理と変わらない可能性を孕んでいるという、原告適格のジレンマがあるのかもしれない。

　次に裁判管轄を検討する。

　2015年キング判決はステップ1やステップ2を採用しなかった。法の文言をそのまま実行すれば政府の企画した規制が破たんしてしまう場合、連邦議

---

[7] *Coalition for Responsible Regulation, Inc. v. EPA, 684 F.3d 102 (2012).*

会に失敗のつけを払わせる、すなわち、文言の修正を任せてしまえ、という判断を行いえる。しかし、2015年キング判決ロバーツ法廷意見は連邦議会に解決を委ねなかった。法の目的に照らした判断を採用し、テクスチャリストからロバーツは嫌われた。

2013年アーリントン判決[8]スカリア執筆法廷意見は「裁判管轄」という文言の用法を細かく分類することに批判的であった。他方、アーリントン判決ロバーツ反対意見は、裁判管轄（jurisdiction）の多義性を持ち出して、行政機関の肥大を懸念し、シェブロン法理は限定されるべきだ、と指摘していた。ロバーツによれば、シェブロン2段階審査の前提がなによりもまず吟味されるべきだと主張する。そもそもステップ1ないし2を適用して解決できたはずの2015年キング対バーウェル判決ロバーツ執筆法廷意見はシェブロン0と位置づけた。2013年アーリントン判決ロバーツ反対意見と2015年キング対バーウェル判決ロバーツ法廷意見は連邦議会への直接的なメッセージを回避した。シェブロン法理の操作を通じて結論を左右できる点が浮かび上がる。

2015年キング対バーウェル判決のロバーツ執筆法廷意見と2013年アーリントン判決ロバーツ反対意見は、裁判所が自ら行政機関の法解釈を尊重するのかどうか、という裁判管轄をまず認定するまでは行政機関の解釈を軽々しく尊重すべきではないと指摘していた[9]。しかし、いったん尊重すると決めた場合、シェブロン法理が適用されるという。2013年アーリントン判決ロバーツ反対意見にはテクスチャリストのケネディ、アリトーが同調していた。

連邦議会の「裁判管轄」の用い方がずさんで、多義的である点を嘆く点は2014年EMEホーマー判決ギンズバーグ法廷意見が指摘していた。ロバーツの用いるステップ0が今後、多数派を占めるかもしれない。

レーンキスト・コート時代に1984年シェブロン判決を法文言の曖昧性の存在を安易に認めて行政機関に有利にはたらくよう判断してきた期間が長かったことをつかまえれば、2015年キング対バーウェル判決ロバーツ執筆法廷意

---

[8] City of Arlington v. FCC, 133 S. Ct. 1863 (2013).
[9] Merrill, *Step Zero After City of Arlington*, 83 Fordham L. Rev. 731, 735（2014）（ロバーツがまず行政機関に解釈権限を委任したのかどうかを問うてからはじめて、シェブロン2段階審査が始まるというアーリントン判決ロバーツ反対意見を支持する).

見は、「経済的、政治的重要性」と裁判管轄（jurisdiction）を防波堤にして、シェブロン法理の適用射程を限定させて、トーマスが嘆く法解釈権限を司法府に取り戻すための試みとも位置づけることもできる。

　2000年 FDA 対ブラウン＆ウィリアムソン判決はステップ1として扱いながらも、行政機関の法解釈を無視したうえで、司法府が行政機関に代置して自ら新たに法文言を解釈しているようにもみえる。この判決は2007年ワイルドライフ判決で利用される。法の文言を個別に独立して検討するのではなく、「文脈」に応じて検討しなければならないという。2014年 UARG 判決をみても、メリルによれば、行政機関の法解釈を無視して、最高裁は新規に法解釈を吟味しており、尊重の程度は大きく変容している。

　スカリアも去り、新たな合衆国最高裁の構成員の変化と新たな政権の運用の振れ幅がきわめて大きい現在、ロバーツ・コートの行方を軽々しく占うことはできない。

　暫定的に、これまでの判決をシェブロン法理の運用の違いによって、解釈手法について次のような特徴をまとめることができる。

　政権交代に伴う行政機関の法解釈の変更（2007年マサチューセッツ判決、シェブロン判決）がある。法文言に忠実であると、法の目的を崩壊させてしまう場合がある。立法史、上下院での議員の懸念や関心事に触れる場合もある。文脈（context）を用いて、法文言の解釈の正確性に譲歩を迫る場合もある。問題となる規定の文言と、その文言を含む他の規定とを比較してみる。たとえば他の規定に費用便益分析すべきことが明文で示されているかどうか。（ATA 判決）。法の枠組み全体を見渡して、（2014年 UARG 判決）文言の解釈を使い分ける場合もある。

　シェブロン法理は一見すると解釈手法を美しく整理する手法を提供しているように見える。少なくともレーンキスト・コートではその整理は行政機関の法解釈を概して支持しており、見方によれば美しかったのかもしれない。

　しかし、隠れた解釈要素と手法によって、レーンキスト・コート時代に操作可能性が高くなり、ロバーツ・コートで予測可能性が低下したともいえる。あるいは元からの操作可能性の高さがようやく露呈したのかもしれない。しかし、シェブロン法理の操作可能性を非難して、その存在を否定してしまえ

ば、シェブロン法理に含まれる法解釈の原則一般についての操作可能性すら非難することになる。シェブロン法理は、いくつかの条件が追加された結果、かつてのように指導的な基準ではなくなってきている。

　シェブロン法理を単純化したために長期的にみて破たんするかもしれない、というブレイヤーの指摘[10]、そしてシェブロン判決に複数の解釈法理が隠れているというメリルの指摘はロバーツ・コートで的中したことになる。

4　ペレズ判決とアウア判決の行方
規則制定手続と司法審査

　解釈基準については、告知コメント手続は必要ないと2015年に連邦最高裁が判断した事案である[11]。法的効力を有する法律は連邦議会で制定される。法的効力を有する行政規則を制定する場合、告知とコメント手続が行政手続法によって要請される。法律の解釈を示す解釈基準には法的効力が認められないため行政手続法上、告知とコメント手続は要求されていない。告知コメント手続を要求する目的は行政機関の恣意を抑制することであった。

　シェブロン法理は、連邦法の解釈が問題となっている。解釈基準と連邦法解釈でその扱いは大きく異なるが、行政機関の判断を尊重する根拠のひとつは「専門性」である。行政機関は当初の解釈基準にとらわれることなく、解釈基準を変更したり、廃止したりすることが可能である。解釈基準をみだりに変更することには、解釈基準を信頼した当事者の利益が損なわれるおそれを含んでいる。1944年スキッドモア判決とシェブロン判決では共通して行政機関の専門性が尊重の根拠となっている。

　ここで、スキッドモア判決の流れとシェブロン判決の流れを並べて検討する。1944年スキッドモア判決では、特定の事案に対する行政機関の判断は、その判断に利用された証拠、理由づけの妥当性、過去の法の宣言との首尾一貫性などに左右されていた。行政機関の判断を裁判所が尊重する根拠は、司

10　Breyer, *Judicial Review of Questions of Law and Policy*, 38 Admin. L. Rev. 363 (1986).
11　*Perez v. Mortgage Bankers Ass'n*, 135 S. Ct. 1199, 1212 (2015)（Scalia, J., dissenting）.

法裁判所と比べて行政機関は専門性が高く、法律の枠組みを実施する経験を有している点である。

1984年シェブロン判決は、スキッドモア判決に代わる判断枠組みを提供した。シェブロン判決は、「許容できる（permissible）」から「合理性」の言葉を用いた。シェブロン法理ステップ2では行政機関の判断が合理的かどうか、恣意的で専断的かの基準と似通っている。1983年ステートファーム判決では、連邦議会が、行政機関の規則制定にあたり指定しなかった要素を勝手に考慮した場合、行政規則は、恣意的で専断的であると判断される、とされた。この点が2015年ミシガン判決で強調された。

このシェブロンとスキッドモアの違いについて、シェブロン法理の根拠は専門性というよりも憲法ないし政治的な根拠に基づいているという分析も可能である。裁判所は民主的に責任を負わないのだから、政治部門の政策的な判断にすべてをゆだねてしまいたい、という希望を有している。そして、曖昧な法文言に直面して、複数の合理的な解釈を選び出す権限を行政機関に認めることで、連邦法の解釈における巡回裁判所ごとの異なる解釈の違いを減少させることができる。当初は、シェブロン判決は連邦巡回区控訴裁判所で積極的に適用され、行政機関の法解釈は概して支持されてきた。ステートファームに従い、必要とされる要素をふまえ合理的な意思決定過程に基づいてさえいれば、新しい政権が法解釈を変更していても裁判所は行政機関の法解釈を支持するという。

1997年アウア判決は、1945年セミノール判決に由来している。アウア判決の理屈はシェブロン判決と類似している。シェブロン判決との違いは、裁判所が尊重しようとする対象が行政機関の解釈の対象が連邦法あるいは行政規則であるか、である。行政機関の解釈が明らかに誤っているか、矛盾しているかどうかの基準を示した。行政規則を規律する行政機関が裁判所に比べて専門性が高いと判断したことが尊重の根拠ではないか、と考えることもできる。

規則解釈回答が問題になった2001年ミード判決では、シェブロンではなく1944年スキッドモアを用いて、行政機関の規則解釈回答を支持した。ミード判決では、行政規則制定手続における告知コメントに注目した。スカリア

は、先述したように、スキッドモア判決を支持せず、両者が混同されることを問題視した。

2002年Barnhart判決[12]で、スカリアは1984年当初のシェブロン判決の意義が失われつつあると指摘した。ミード、Barnhartで、巡回裁判所はスキッドモア判決とシェブロン判決を混在させた判決を下すようになった。スカリアの支持してきたシェブロン法理は、下級裁判所に解釈の統一性を担保する機能があると評価されてきたが、行政規則制定手続をめぐって、その機能は低下することになった。

オバマケアに関する行政規則を判断した2015年キング判決では6人の多数意見が、シェブロン法理の適用を否定した。法文言の曖昧性を認めておきながらシェブロン法理を適用しなかった。この判決の興味深い点とは、反対意見は多数意見の法解釈に決して同調しなかったが、シェブロン法理を適用しないという争点では多数意見と一致した点である。

同じく2015年ミシガン判決スカリア法廷意見に対して反対意見は、法廷意見の適用したシェブロン法理のステップ2の利用の可否については同調している。反対意見はEPAの法解釈が不合理になりうる点では法廷意見に同調した。費用を考慮せずに規制する判断を下すように法を解釈する場合は不合理になりえるという。法廷意見と反対意見が分岐したのは、反対意見は行政機関が費用を考慮していた、と判断し、法廷意見は費用を考慮していないと判断した点である。9人の裁判官がステップ2を用いて、裁判所が唯一、合理的であると考える解釈とは異なる解釈を行政機関が採用したかどうかを判断した。

2015年のキングとミシガン判決は、スキッドモアの系譜とシェブロンとを区別することは非常に難しくなってきていることを示している。行政機関の法解釈をいっさい尊重しないと判断する選択肢を裁判所は常に手元に置いている。たとえば、解釈が非常に重要だと考える場合、行政機関の専門性が尊重の程度に値しないような場合、ステップ2で行政機関と独立した司法裁判所の法解釈と行政機関の法解釈とを区別するのが困難な場合を示してきた。

---

[12] *Barnhart v. Walton*, 535 U.S. 212 (2002).

1997年アウア判決は、明らかに誤っているか矛盾していないかぎり裁判所は行政機関の解釈を尊重するという解釈を示した。マニング[13]はアウア判決の尊重が、曖昧な行政規則を策定する動因になると主張している。

アウア判決を放棄すべきだ、とスカリアとトーマスは主張している。アウアを破棄する主張の機会を申立人に与えるべきだとロバーツとアリトーはデッカー判決で述べている。ロバーツはシェブロン発動の前提を考えるべきだという学説の影響を受けているのかもしれない。

5　ロバーツの立場
裁判管轄

2016年のスカリアの逝去に伴い、合衆国最高裁の判断が大きく変化する可能性がある。気候変動について果敢に判断し、研究者と議論を戦わせてきたスカリア亡き後、どのように合衆国最高裁の判断が変化するか今のところ不透明である。合衆国最高裁を率いるロバーツの立場を知ることで、将来の合衆国最高裁の判断を一定程度、見渡すことができるかもしれない。

ロバーツは2007年マサチューセッツ判決で裁判管轄と原告適格の不存在を主張していた。1993年に執筆した彼の論文が参考になるかもしれない[14]。2013年アーリントン判決では、ロバーツは裁判管轄を検討した。2013年アーリントン判決ロバーツ反対意見は、次の点に注目している。

第一に、行政機関の権限の肥大化に注目している。行政機関は大統領のもとにあり、実質的に法的効力を有する行政規則を制定し、これらの規則を遵守する義務を負う。そして、これらの規則を執行し、規則違反者に制裁を課している。行政国家では行政機関は広範な権限を有しており、起草者らの懸

13　Manning, *Textualism as a Nondelegation Doctrine*, 97 Colum. L. Rev. 673, 695（1997）（行政の法執行手続において制裁を科す過程で、曖昧な行政規則の解釈を新たに行政機関が採用する場合にはアウア判決は適用されない。また、曖昧な行政規則を新しい解釈に依拠して、第三者に対して支払いを求めるように規則に服する企業に求める場合、適用されるべき行政規則を長期間、行政機関が解釈してこなかった場合も同様である）.

14　John G. Roberts, Jr., *Article III Limits on Statutory Standing*, 42 Duke L. J. 1219, 1231（1993）.

念した巨大な官僚主義が現在、憂慮されている。行政機関は経済、社会、政治的活動を規律している。ロバーツによれば、裁判官は問題となる分野の専門家でもなく、政治的部門に属しているわけではないという前提でシェブロン法理を理解しなければならない。

特定の問題に連邦議会が回答していなければ、裁判官は解決策を自分の政策的選好を基準に提供することはできない。政策形成の権限を連邦議会が授権した行政機関が、政治部門で競合する利益を調整し、認められた権限の範囲内で解決する。

第二に、ロバーツの分析は、シェブロン法理の尊重の根拠を議会の授権に基礎をおいている。レーンキスト・コート時代に学説で指摘されてきたシェブロン0を意識しているのかもしれない。司法府の作業は、法の特定の規定の輪郭を明らかにする権限を連邦議会が行政機関に授権したかどうか、を判断することである。連邦議会が行政機関に授権したことが明らかであれば、行政機関の法解釈を司法府は尊重する。行政機関の法解釈権限を判断する作業がステップ0である。2013年アーリントン判決スカリア執筆法廷意見は、管轄に疑いがある場合でもシェブロン尊重を支持していた。曖昧な文言が法に存在する場合、行政機関が管轄を判断すべきである、という連邦議会の意図はシェブロン判決から導かれるという。行政機関が管轄を判断するという推定をロバーツが支持するかどうかは不透明である。2016年ミシガン判決後にスカリアが死去した際、ロバーツは行政規則の一時停止を解除する判断を下している。

ロバーツは、2000年FDA対ブラウンウィリアム判決を示したうえで、自らのマサチューセッツ判決反対意見を擁護しようとしているのかもしれない。

また、ゴーサッチが合衆国最高裁でどのようにシェブロン法理を用いるかは今のところ確定的ではない。ゴーサッチの立場は、2018年ストックオプション行使に対する課税の解釈についての判断 Wisconsin Central v. United States 判決[15]のなかで現れている。ゴーサッチ執筆法廷意見は、法の文言に忠実に解釈し、文言の明確性を分厚く論じている。5対4の多数派を構成した彼は、

---

15 *Wisconsin Central v. United States*, 585 U.S. (2018).

法文言の辞書的意味、構造、本法の立法経緯に言及しており、おおよそスカリアのテクスチャリストにならうことを示している。もっとも彼がアリトーと、どこまで歩調をそろえるかどうかは、今のところ明らかではない。

　ゴーサッチは、合衆国最高裁に就く前に、シェブロン法理がすでに尊重の程度にブレが存在することを認めている。行政機関がシェブロン法理に従っていたとしても、憲法上の要件である事件争訟性に関する法解釈と矛盾する行政機関の法解釈を違法無効と判断する義務を司法府は負っているというかもしれない[16]。彼は第十連邦巡回区控訴裁判所で、シェブロン法理を批判し、第 6 章で扱った Brand X 事件とシェブロン法理とが立法権と司法権を侵害すると述べていた。

　シェブロン法理は、カバノーやトーマスの言葉を借りれば、行政機関の専門技術性を口実にして、官僚主義を擁護してきたとも評価できる。連邦憲法の原理に従えば、官僚制度の拡大を抑制し統制するのは大統領ないし連邦議会であり、裁判所ではないという立場にゴーサッチが傾くかもしれない。

　しかし、いわゆる保守派とされる裁判官がシェブロン法理に疑いをなげかけても、審理の対象はオバマ政権時代の行政規則であって、これらがトランプ大統領の下で制定される行政規則と同様に尊重の程度について、保守派の裁判官が異議を唱えるかどうかは不透明である。また、オバマ政権時代の行

16　*Gutierrez-Brizuela v. Lynch*, 834 F.3d 1142 (2016). 連邦法の二つの規定が問題となった。司法長官に、違法に入国した外国人の地位を変更して、合法に滞在する居住権を与える裁量権が与えられている。またもうひとつの規定によれば、二度以上、違法に米国に入国した者には合法な居住権が与えられない。ただし、国外で最初の 10 年間の待機期間を経た者を除く。この二つの規定をどのように解釈するかが問題となった。2005 年に第十連邦巡回区控訴裁判所は、10 年間の待機期間を援用することなく市民権を与える司法長官の裁量権を認めていた。2007 年に移民審査会は行政規則を作成していた。2009 年に、外国人が、地位の変更、または国外の 10 年間の待機期間を受け入れるかを選択する場合で、前者を選んだ場合に、外国人の行為に対して、移民審査会が規則を遡及的に適用できるか。もし移民審査会に行政規則の遡及適用を認めれば、外国人は移民審査会の 10 年の待機期間に費やした 7 年間を失い、待機期間を改めて開始することにならないか。すでに完了した行為に対して遡及して行政機関の決定を適用すべき明らかな規則が存在しなかった。シェブロン判決に従い、裁判所の判断を行政機関が破棄することは可能か。将来だけでなく、過去にさかのぼって新しい規則をすでに完了してしまった行為に適用できるか、過去の行為に行政規則を適用することを認めるか、が争点になった。

政規則を廃止するにあたり、その規則制定権の行使がまず法廷で争われることになる。トランプ政権は、法廷でシェブロン法理を持ち出して、行政機関の規則制定そして廃止を尊重するように司法府に呼びかけるだろう。

　リベラルとされる裁判官が、現在の政権の下での行政規則に対するシェブロン法理について疑いを投げかけるかもしれない。おそらくはどちらの立場もシェブロン法理を否定することはないだろうが、シェブロン法理の発動に例外を今後も打ち立てていくだろう。

　裁判所と行政機関の関係を単純に説明することはきわめて困難であるのだから、シェブロン法理が本来的に、複雑な解釈手法を内在していたのかもしれない。

第9章 ロバーツ・コートの シェブロン判決の運用の背景について

　本章では、行政機関の法解釈を尊重する専門性と民主的基盤という二つの根拠についてさらに検討する。大統領と連邦議会の対立、そして連邦政府と州政府の対立という連邦主義、さらに、大統領と行政機関との関係について検討する。

　次に連邦議会の法制定の力学について考察したうえで、前章で触れた合衆国最高裁の裁判官の法解釈についてさらに考察を加えていく。

1　大統領と連邦議会の対立そして州議会

　オバマ大統領は、移民政策、クリーンエネルギーに専念した大統領としての評価を受けるだろう。オバマ政権では、議院選挙での議会の勢力図が大きく書き換えられたため移民問題や気候変動の対策に関する運営が頓挫することになった。連邦議会の意思決定は大きく停滞した。この停滞を行政機関が大統領の下で、行政規則を通じて解消する役割を担うことになった。政権末期になると大統領の動きは加速することもあった。なにかを残したいという大統領の思惑が、行政規則や大統領令（行政命令・布告・覚書）で対応しようとすることもあろう。政治的変動のなかで大統領令や行政規則でつぎはぎてきな対応がとられている。このような現象は必ずしもオバマ政権だけに限らない。

　2007年マサチューセッツ判決にみられるように行政規則は政権交代を通じ

て、連邦法の実施にあたり一貫性を欠く場合がある。連邦法に比べれば、行政規則は実験的なかたちをとる。一貫性を欠いた行政機関の解釈をどこまで裁判所が尊重しなければならないのか、を2014年 UARG 判決は示していた。あるいは行政機関は、あえてスカリアの統一的解釈手法を採用し、訴訟の場で、その限界を測ったとも評価できる。合衆国最高裁は UARG 判決で無効とされた行政規則を棚上げにしていた。トランプ政権は、この行政規則を見直そうとした。

シェブロン法理でも、またマサチューセッツ判決でも問題になったのは、政権交代に伴って、行政機関の法解釈が大きく変わることである。もちろん新しい行政規則の起草にあたり、一般市民からの意見公募は用いられる。法廷では、民主党から共和党へ、共和党から民主党に交代に伴って、行政機関の法解釈を裁判所が支持する場合、あるいは支持しない場合、判決を通じて、過去の判例との整合性を測る必要がある。オバマ政権でもトランプ政権も2017年の時点では連邦議会の意思決定は難航している。

議会制定法と州法の関係にも同じことがあてはまる。州法が実験的な模範となって、ほかの州に波及することもある。大気浄化法では、カリフォルニア州は独自の規制方式を採用することができる。たとえば、スリッパージのように規制枠組みが用意されても必ずしも達成されていないことがある[1]。移民や気候変動といった問題は特定の地域で深刻化するため、ときの連邦議会や再選を狙う大統領からみれば、この問題は自分の再選の利益になるのか、という視点が存在している。ニクソン大統領は環境問題を政争の争点にしたが、必ずしも有権者の支持を得ることに成功しなかった。

2 大統領の下にある行政機関と OIRA との関係

行政機関の法解釈の合理性を尊重する根拠は技術的専門性と民主的基盤で

---

[1] Farber, *Taking Slippage Seriously: Noncompliance and Creative Compliance in Environmental Law*, 23 Harv. Envtl. L. Rev. 297 (1999).

あった。規則制定手続には対審型と告知とコメント手続が存在する。行政手続法556条、557条の対審型の規則制定手続は用いられず、553条の告知とコメント手続の規則制定手続が一般的に用いられる。しかし、行政機関は、告知とコメント手続の例外553(b)条に沿って行政規則を制定しようとする。例外を利用しようとする動機は、手続が煩雑であって、時間と手間がかかるからである。

　行政機関の法解釈の合理性を担保する民主的基盤は、議会制定法に由来すると考えられてきた。現在では、規則制定手続に大統領命令が大きく関わっている。大統領命令によって、行政機関は大統領直属の機関と連携し、費用便益分析を用いて規則制定手続を踏んでいる。

　ニクソン政権以来、規制の実効性をどのように確保し、評価するか、は大統領の関心事であった。ニクソン大統領以来、ほぼすべての大統領は規則制定過程に費用便益分析を実施するように行政機関に命じてきた。ニクソン政権の規制影響分析（Regulatory Impact Analysis: RIA）の事前評価を発端として、規制案と代替案の費用との比較評価が試みられた。もともとは合衆国予算局（Bureau of the Budget）を前身とした行政管理予算庁（Office of Management and Budget: OMB）がニクソン政権下に大統領府に置かれ、主としてニクソン時代に設立された環境保護庁（EPA）の規則を対象としていた。

　1978年にカーター大統領は規制の費用便益分析を導入した。レーガン大統領時代の規制緩和のなかで大統領と行政機関の関係は大きく変化した。これが現在の規制の事前評価制度の先駆けとなる。大統領は大統領命令を用いて規制を実施していく。

　1980年（1985年改正）書類作成提出負担軽減法（Paperwork Reduction Act of 1980）を通じてOMBのなかに、情報・規制問題室（OIRA）が設置された。すべての行政機関は規則提案と規制分析をOIRAに提出し、審査に服する。OIRAで審査が認められた場合、規則は連邦官報に掲載される。OIRAに提出された情報は、大統領府で審査され、大統領の政策に行政規則が一致しているかどうか、が審査される。

　1993年クリントン大統領命令12866号は、ジョージ・W・ブッシュ大統領そしてオバマ大統領でも維持されてきた。これらの大統領命令はニクソン大統

領命令を時代に合わせて調整したものであり、大統領の法執行という連邦憲法上の義務を遵守するために、大統領の方針を行政機関に反映させ、行政機関を監督する狙いがある。行政機関は規則制定にあたり費用便益分析を実施しなければならず、OIRA に最終規則を提出しなければならない。規則の公表に先立ち、OMB の審査を受ける。

OIRA は、複数の行政機関に影響を及ぼす方法及び手続、大統領令及び大統領の規制政策を含む、規制問題に関する専門知識を有している。OMB は、法によって認められる範囲で規制立案時に行政機関を指導し、大統領、副大統領、大統領を補佐する他の規制に関する政策顧問を支援しなければならず、大統領命令に規定されるように個々の規制を審査する組織である。

大統領令12866(3)(d)号によれば「規制」または「規則」とは、行政機関が法としての執行力及び効力を備えることを意図して、一般的な適用可能性及び将来の効果を表明したもので、法または政策を実施、解釈もしくは規定するため、または、行政機関の手続もしくは実施要領を定めるために立案するものをいう。ただし、以下のものは含まない。

(1) 5 U.S.C. 556, 557の正式規則制定手続に従って制定される規制又は規則。
(2) 調達規定ならびに防衛に関係ない物品及び役務の輸入又は輸出に関係する規制を除く、合衆国の軍事又は外交機能に関連する規制又は規則。
(3) 行政機関の組織、管理又は人事に限定された規制又は規則。または、
(4) OIRA 室長によって除外された他の範疇の規制又は規則

行政機関の法解釈の合理性を司法府が審理する場面で、規則制定手続に「連邦議会の制定した連邦法」という根拠が欠けた機関が関与している点を意識しなければならない。連邦議会ではなく大統領のもとにある OIRA が、行政機関の行政規則を審査している。この OIRA をみれば、行政機関の法解釈を尊重する場合の民主的基盤は議会ではなく大統領ということになる。かつてのように執政府から行政機関は独立してはいない。大統領は行政機関を

監督し、大統領の政策を行政機関の制定する規則に反映させることによって、法の誠実な執行を担保しようとしている。

　もともと1981年レーガン大統領命令12291号は、すべての行政機関が規制計画の策定に携わり、既存あるいは予定している将来の行政規則を審査し、毎年、すべての行政規則の一覧を審査することを求めていた。すべての行政機関は、OIRAに翌年に制定する重要な行政規則を提出しなければならない。そして、提案の費用便益並びに、実行可能な代替策を同定し、計量化する規制分析を求めていた。OIRAにすべての規制分析を提出しなければならず、OIRAが満足しなければ連邦広報に掲載公表することができなかった。行政規則の内容について行政機関が責任を負うが、OIRAは大きな影響力を行使していた。

　1993年クリントン大統領命令12866号は、レーガン大統領時代のOIRAの審査の濫用を反省して、行政規則の「すべて」ではなく、主要な規則とその規制分析だけをOIRAに提出し、新規の法的あるいは政策的争点を掲載公表「前」に審査するように変更した。この改正には、規則制定における遅延を解消する狙いがあった。

　行政規則によってはOIRAが関与するよう求める場合もあり、最終規則はOIRAの審査が完了するまで、連邦官報に掲載公表されないが、90日以内の期限が設定された。また、OIRAと行政機関の意見交換の内容と行政規則の草案は公開される。

　ジョージ・W・ブッシュ、オバマ大統領時代に、OIRAの透明性はさらに高められた。OIRAのウェブサイト上にOIRAの行政機関に対するコメントが、一般に利用可能な状態に置かれている。その公開対象は立法規則だけでなく、非・立法規則も対象にしている。

　大統領は行政機関の長に対して規則制定を命じる。この指令自体は行政機関を拘束しないが、行政庁に対する予算の制約が行政規則を制定する動機となる。大統領からの規則制定の指示に従わない場合、大統領は行政機関のトップを更迭する手段を通じて行政機関に圧力をかけるかもしれない。とくに政権が強い優先順位を示した政策の場合に顕著になる。この点はトランプ大統領のEPAのスコット・プルーイットの任命が示している。行政機関内の

予算も大統領の政策優先に合わせて配分されることになる。トランプ政権下のEPAは化石燃料の火力発電所規制を緩和するための専門的知識を求めることになる。

　行政機関による規則制定手続がOIRAに承認されてから、利害関係人の意見を聴取し、行政機関は行政規則を制定する。司法府が行政機関の法解釈を尊重するかどうかの判断をする場合に、審理の対象となった規則制定手続が、実際にこの手順をとっている場合、従来の尊重の程度を左右することになる可能性がある。また、従来の行政規則を撤回して、新たな行政規則を制定する場合も同じ手順を踏む必要がある。たとえば、水質浄化法や大気汚染法を管轄する行政機関はEPAと位置づけられるが、実際には、連邦法を解釈して規則制定権限を行使する際、OIRAこそが大きな影響力を及ぼしている。OIRAは、連邦議会ではなく大統領の政策に一致するよう行政機関を促すことになる。

　他方、連邦法上、連邦議会も行政機関を監督している。行政機関は連邦議会と大統領から統制されることになる。

　この費用便益分析自体には批判もあり、クリントン大統領時代に、費用便益分析の要請は若干緩められた。

　シェブロン法理に関する判例をレーンキスト・コート時代からロバーツ・コートまで検討していく際、それぞれの判例に対置する政権時の見解そして行政規則制定の手順の展開を合わせて考察しなければならないだろう。

a　規制緩和と規則制定手続と費用便益分析

　シェブロン判決でもカーターとレーガン政権で、政権交代に伴う政策の変更で行政規則の法解釈が問題になった。バブル概念は規制対象になりうる事業者側には緩やかな規制である。シェブロン判決の1984年から行政規則の制定手続は大きく変容してきた。

　1978年カーター大統領命令12044号[2]で、各行政機関の行政規則の制定過程に大統領が広範に関与することになった。行政規則の告知とコメント規則制

　2　Exec. Order No.12044, 3 C.F.R. 152, 43 Fed. Reg. 12661（1978）.

定手続にのみ適用される。

　1981年レーガン大統領命令12291号[3]で、カーター大統領命令12044号と同様にいっそう政権の意向が行政規則制定に影響を及ぼすようになった。このレーガン大統領命令では、特別の定めがないかぎり、連邦行政機関は規則の費用便益分析が義務づけられた。この費用便益分析は、行政機関の規則の厳格性と規制の必要性を正当化する根拠となった。この費用便益分析は、2001年 ATA 判決で注目されることになる。2001年 ATA 判決スカリア法廷意見は、全国大気質基準に関する大気浄化法101条が費用便益分析を禁止していると判断していた。2014年 EME ホーマー判決でスカリア反対意見は、大気浄化法の費用効果を考察せよ、という義務を EPA に認めるように主張しており、2001年 ATA 判決との整合性でスカリアの矛盾が露呈した。

　シェブロン判決の前年の1985年レーガン大統領命令12498号[4]では、さらにいっそう大統領が規則制定手続に関与するようになった。規制計画過程（regulatory planning process）で、政権の方針に沿うように行政機関が行政規則を策定するようになった。規則制定過程の最初に規制計画が政権の意向に沿っているかどうかを行政機関は判断しなければならない。政権の交代という出来事は行政規則の制定過程にいっそう大きな影響力を及ぼすようになった。行政手続法で認められた行政機関の規則制定についての判断の幅は制約される。

　クリントン大統領命令は、レーガンとそれに続く H・W・ブッシュ政権の規則制定に対する関与を反省した。1993年クリントン大統領命令12866号は、費用便益分析については大統領命令12991号の規制枠組みを維持しつつ、OMB に事前の規制影響分析と最終規制影響分析を提出させるようにした。レーガン・H・W・ブッシュ政権との大きな違いは、すべてではなく、重要な規則だけを OMB の事前審査に服させる点である。OMB に属する OIRA では、自らが選定した重要な規制活動だけが規制審査に服し、便益が費用を超える場合に限って規則を最終策定できるとした。大統領は、行政機関と

3　Exec. Order No. 12291, 3 C.F.R. 127（1981）（Federal regulation）.
4　Exec. Order No. 12498, 3 C.F.R. 127, 50 Fed. Reg. 1036（1985）（Regulatory planning process）.

OMBとの間の矛盾を最終的に判断する権限を有し、両機関の衝突は緩和された。

連邦議会は、レーガン・H・W・ブッシュ政権で行政機関の規則制定手続の濫用を懸念してきた。しかし、行政機関がOMBに提出した資料を公開することで、OMBの透明性が一定程度、確保されるようになった。

ジョージ・W・ブッシュは、クリントン大統領命令12866号を修正する2002年W・ブッシュ大統領命令[5]を発した。OIRAの審査に服する「重要なガイダンス文書（significant guidance documents）」を作成する点を修正した。

2011年オバマ大統領命令13563号[6]は規制政策の基本戦略をまとめている。経済成長を維持しながら、最も費用負担が少ない規制を策定し、競争と革新を促進すること、既存の規制を必要に応じて最新の規制に更新することなどが規定された。

オバマ大統領命令13563号と12866号に従い、2008年オゾン層の第一次、二次的全国大気質基準の再考察（Reconsideration of the 2008 Ozone Primary and Secondary National Ambient Air Quality Standards）で最終規則が策定された。2009年から2012年まで、前章で扱ったサンスティンはOIRAの長になる。

これらの大統領命令は行政機関、たとえばEPAに対する大統領の優位を確立している。費用便益分析を規制措置に盛り込むことで、そして、連邦議会の意思決定の停滞で、行政規則の争いは連邦裁判所に持ち込まれることになった。オバマ政権の間に下された事案は多い。2009年エンテージ判決（ステップ2）、2014年UARG判決（ステップ2）、2014年スキャラバ判決（ステップ1）、2015年キング判決（ステップ0）、2016年FERC判決（ステップ1）、2015年ミシガン判決（ステップ2）が挙げられる。もっとも、大統領の政権時代に合衆国最高裁の判断が下されるわけではない。2007年マサチューセッツ判決は、クリントン時代からW・ブッシュの政権交代に伴う行政機関の法解釈の変更が問題になっている。

---

5 Exec. Order No. 13258, 67 Fed. Reg. 9385（2002）(Amending Executive Order 12866 on Regulatory Planning and Review).

6 Exec. Order No. 13563, 76 Fed. Reg. 3821（2011）(Improving Regulation and Regulatory Review).

連邦議会は規則制定権を授権していても、行政機関が実際に規則制定権を行使する際、OIRA がこっそりその意向を滑り込ませることが考えられる。法廷で、EPA が行政規則を擁護していても、実際には OIRA の意向を反映したのかもしれない。この点は議会制定法の文言が政権の意向と矛盾している場合に顕著になる[7]。この点は WOTUS 規則に関するトランプ大統領命令で触れた。また、政権の意向が予算、人事の面で行政機関の専門的な知識を軽視する場合、専門的な意見が行政機関の規則制定に採用されないため、その知識が外部に流出する可能性も高い。

シェブロン法理を用いた判決を検討する際、規則制定権についての議会の授権、OIRA の関与について、目を向ける検討が必要になろう。

b 気候変動と各省庁の取組み

2015年ミシガン判決との関係で、地球温暖化ガスの削減がどのような便益をもたらすか、という視点から検討しておく。オバマ政権は、炭素の社会的費用を評価することで、金銭的な数字から、1トン当たりの炭素から生じる害悪を評価した。2009年までは各行政機関は異なる評価を行ってきたため、行政機関の評価は矛盾する場合があった。

そこで、オバマ政権は大統領命令12866号に基づき、専門家分析組織を創設して、各省庁横断型の分析を命じた。2013年5月に初報告 (Technical Support Document: –Technical Update of the Social Cost of Carbon for Regulatory Impact Analysis)[8] が発表され、改定されたものが2015年7月に公表され、炭素の社会的費用を1トン当たり36ドルに統一した。2014年には政府監査院 (General Accounting Office) が検討過程の廉潔性、透明性、非政治性を保証した。この評価は、省庁横断型の評価であるため、さまざまな行政規則に反映されることになり、オバマ政権のクリーンパワープランの要となった。2016年には第七連邦巡回

7　Lisa Heinzerling, *Statutory Interretation in the Era of OIRA*, 33 Fordham Urb. L. J. 1097 (2006)（水質浄化法では費用便益分析よりも技術基準の分析を主張する。彼女は費用便益分析の正確性を疑っている）.

8　Interagency Working Grp. on Soc. Cost of Greenhouse Gases, *Technical Support Document: - Technical Update of the Social Cost of Carbon for Regulatory Impact Analysis under Executive Order 12866* (2016).

区控訴裁判所も、この数字1トン当たり36ドルを支持した[9]。

気候変動に関する2017年トランプ大統領命令13783号[10]は、温暖化ガスの削減の便益を金銭評価する際に、個々の行政機関が従うべきは、2003年行政管理予算局のCircular A-4と示した。トランプの大統領命令は、2003年ジョージ・W・ブッシュ政権で発せられ、執行府に行政機関を縛りつけることを狙いとしていたものを根拠としている。これは、国内と国際を分けて影響を分析しようとする指針を含んでいる。ただし、2007年マサチューセッツ判決では、大気汚染物質の文言の解釈にあたり、温暖化ガスは大気汚染物質に該当せず、温室効果とそれに伴う気候変動は、国際的な取組みで扱われるべきだという行政機関の主張は退けられた。合衆国最高裁は、行政機関に規制権限が認められるのであれば、緩やかに一歩一歩、その権限を行使すべきだ、と述べていた。

c 行政規則の制定手続とトランプ大統領の関与

ファーバーは同僚の見解を並べながら、トランプ大統領命令と行政機関の規則制定には次の四つのシナリオがあるという[11]。

第一に、規則制定権につき裁量が行政機関に与えられているため、トランプ大統領に従わないことも考えられる。期限の付されない行政の不作為を裁判所で争うことは困難であるため訴訟になることは少ない[12]。行政手続法706条は、行政機関の最終的決定を審査する権限を司法裁判所に与えている。706条の審査権限は、行政規則、命令、不許可、制裁といった作為だけではなく、不作為も含んでいる。行政決定が恣意的で専断的な、裁量の濫用と認め

---

9 *Zero Zone, Inc. v. United States DOE*, 832 F.3d 654 *(7ᵗʰ Cir. 2016)*.
10 Exec. Order No. 13783, 82 Fed. Reg. 16093（2017）(Presidential Executive Order on Promoting Energy Independence and Economic Growth).
11 本節のトランプ政権の関与についての議論の概要は、ダニエル・ファーバー（阿部満監修・辻雄一郎訳）「規制、トランプ政権、シェブロン」明治学院大学法学研究105号（2018年、予定）を参照されたい。
12 Eric Biber, *Two Sides of Same Coin: Judicial Review of Administrative Action and Inaction*, 26 Va. Envtl. L. J. 461, 461-462（2008）（行政機関の作為と不作為の区別と司法審査基準について混乱がある。行政手続法上の行政機関の作為と不作為の司法審査に基本的違いはない).

られる場合には精密に審査（hard look）する。ただし、司法裁判所は法律上、行政機関に認められる行政裁量については審査しない。つまり、作為も不作為も司法審査の対象になったとしても、法律上認められる行政裁量に不作為が含まれることがある。

この点についてバイバーは、不作為の司法審査について巡回裁判所レベルで統一された見解が存在しない点を指摘している。行政機関は人、時間、手間の資源が限られているため規則制定が遅れてしまった、と主張する。資源配分は政策決定として司法審査の対象になりにくい。

第二に、連邦議会は連邦法に行政機関の規則制定に期限を付すのが一般である。オコネルらによれば、規則制定に期限が付されると、規則制定に必要な資源が行政機関内で再配分されることになる[13]。期限設定と司法審査は連関性がある。期限を付されると、行政機関は、533条の例外（制定手続を省く十分な理由、前章参照）を根拠にして、告知とコメント手続を用いないで規則を制定しようとする。この手続違反を争う場合、資源の限界は規則制定の遅れについて行政機関に口実を与える。

実体審理の場合、その内容に争いがあるけれども、ステップ0では行政機関の規則制定権限の根拠を、最初に問う。「十分な理由」を根拠にして規則制定に告知とコメント手続を用いていない場合は、ステップ0が作動すれば、裁判所の尊重ははたらきにくくなる。明確な期限が付されていれば、いつまでに規則を制定すべきと述べているのだから、行政機関の作為の時間的な要請について曖昧性は存在しないだろう。行政機関が期限に間に合うように十分な熟議をしないまま規則を制定した場合、ステートファームの法理（合理的な意思決定を導くにあたり必要な要素を検討し、不要な要素を判断していないか）を満たさない可能性は高くなる。

他方で、行政機関の規則制定に期限を設定しない場合がある。期限内に規則を制定しない場合も司法審査の対象となる。法廷で、二つの撤回すべき行政規則を判断しようと考えているところだ、とか、規則予算を使い切ってしまった、という行政機関の言い訳が聞き入れられとは思えない。行政管理予

---

[13] Jacob Gersen & Anne O'Connell, *Deadlines in Administrative Law*, 156 U. Pa. L. Rev. 923 (2008).

算庁 (OMB)[14]の新指針は、トランプ大統領命令13771号の適用除外を示している。

　第三に、行政規則が規則1と規則2を廃止するために、新たな行政規則3を作成する場合である。連邦法の規定を行政規則で実現しようとすれば、行政規則の制定手続を踏むことになる。その際に考慮されるべき事項が連邦法で明示されていれば、制定も撤回も同じ要素を行政機関は評価しなければならない[15]。つまりトランプ大統領が二つの既存の行政規則を廃止して、新たに行政規則を制定する場合も、同じ要素を行政機関は評価しなければならなくなる。

　第四に、2007年マサチューセッツ判決では行政機関は、規則制定権限がないと主張して規則制定請求を却下した点が争いになっていた。規則制定の申立ての却下は司法審査の対象になる。法廷で、行政機関はなぜ規則制定の申立てを却下したのかの説明責任を負う。連邦法上、規則制定に期限が付されている場合、行政機関が優先順位を修正できる余地は少ない。しかし、期限が付されていない場合、連邦議会は優先順位の設定に行政機関に裁量を与えたと推測される。トランプ大統領命令13771号のもとで二つの行政規則を廃止して、ひとつの新しい規則を制定できていないことを根拠にして、規則制定の申立てを却下できるといえるのかは、必ずしも明らかではない。行政規則制定申立ての却下が不当であるという法廷での訴訟としては、必ずしも司法府で解決できない問題が含まれていよう。

　最後に、規則を撤回するための偽りの説明（口実）を行政機関が示す場合である。二つの行政規則を廃止して、ひとつの新しい規則を制定するにあたり、なんとか司法審査を免れるために、なにかしら別の正当化事由を行政機関が示す場合である。裁判所の審理対象は目の前にある事実と法である。し

14　Exec. Order No. 13771, 82 Fed. Reg. 9339（2017）(Reducing Regulation and Controlling Regulatory Costs). Office of Information and Regulatory Affairs, Guidance Implementing Executive Order 13771, Titled "Reducing Regulation and Controlling Regulatory Costs" (April 5, 2017), available at 〈https://www.whitehouse.gov/sites/whitehouse.gov/files/omb/memoranda/2017/M-17-21-OMB.pdf〉.

15　Farber, *Taking Costs into Account: Mapping the Boundaries of Judicial and Agency Discretion*, 40 Harv. Envtl. L. Rev. 87（2016）.

かし、明らかに行政機関の説明に不当な動機が存在すれば、裁判所は認定しなければならない。裁判所は、行政官の実際の意図を徹底的に審査することをためらう。しかし、裁判所が、行政機関の真の動機に関する明確な証拠を考慮する一定の余地が存在する。

3　2018年ハワイ判決
渡航制限（Travel ban）についての判断

2018年6月に合衆国最高裁[16]は特定の国家の渡航を制限する大統領命令を支持している。この判決はシェブロン法理に言及してはいない。大統領命令の有する社会的な影響の大きさからみて、本判決は移民と国籍法に関する行政機関の法解釈に大きな影響を与えるように思われる。行政各部は大統領の下にあり、大統領命令を通じて行政機関の法解釈がどのように影響を受けるかを示している。

事案の概要

2017年3月にトランプ大統領は、北朝鮮、リビアなどの特定の国からの渡航を制限する大統領命令（executive order: 行政命令）[17]に署名した。これに対して、ハワイ州、ワシントン州他州やイスラム系市民団体が、移民と国籍法はテロリストだけに限定して適用することが可能であるなどと主張し、トランプ大統領命令を争って訴訟を提起していた。ハワイ連邦地裁[18]は、大統領命令の発効について一時差止めを認めた。大統領命令が国教樹立禁止条項と第一修正ならびに移民と国籍法に違反する可能性があるという。同様の事案が

16　*Trump v. Hawaii, Trump v. Hawaii, 201 L. Ed. 2d 775 (2018).*

17　Donald J. Trump, Executive Order Protecting the Nation from Foreign Terrorist Entry into the United States, Exec. Order No. 13769, 82 Fed. Reg. 8977 (Jan. 27, 2017). 上記は3月6日に撤回され、以下が執行される。Donald J. Trump, Executive Order Protecting The Nation From Foreign Terrorist Entry Into The United States, Exec. Order No. 13780, 82 Fed. Reg. 13209 (Mar. 6, 2017). Available at 〈https://www. whitehouse. gov/presidential-actions/executive-order-protecting-nation-foreign-terrorist-entry-united-states-2/〉.

18　*Hawai'i v. Trump, 233 F. Supp. 3d 850 (2017).*

複数の州で提起され、第九連邦巡回区控訴裁判所[19]は入国制限の大統領命令は憲法上認められた権限を越えていると判断した。その根拠は、入国制限対象の市民が米国の利益を害する、現在の検査基準が不十分である点、改善された検査手続がなければ、米国の利益が害されるという点について十分な事実認定が欠けている。大統領命令は、入国者の出自を根拠にして入国を制限しており、実質上、ビザの発効において出身国を基準にした差別を行っている。難民が米国に害悪をもたらし、難民の設定手続が無視されているという点の立証が欠けている。

政府は、外国人の入国認定に広範な裁量を有している。しかし、その裁量権は無制約ではなく、連邦議会の設定した権限の範囲内でのみ行使される。司法府は、大統領の権限行使について憲法そして法律上の権限の限界を審査する。大統領は連邦議会の趣旨を無視している。

すぐに政府は本判決の破棄を合衆国最高裁に求め、2017年9月に、さらにトランプ大統領はチャド、北朝鮮、ベネズエラを加えた大統領布告[20]に署名した。その後、チャドが除外され、7つの国家（イラン、リビア、北朝鮮、ソマリア、シリア、ベネゼエラ、イェメン）が2018年7月現在で渡航制限国の一覧に挙げられている。

判決の概要

2018年6月26日に合衆国最高裁は5対4で、州ら申立人の本案審理で勝利する可能性が低いと判断し、一時差止めを破棄して、下級裁に差し戻した。

ロバーツ執筆の法廷意見によれば、司法府は法律上の問題を審査する権限を有している。ビザに関する判断は、基本的に主権に関する問題である。その管轄については争いがあるが、少なくとも本案審理を行う裁判管轄は司法府に認められる。移民と国籍法1182(f)条[21]を通じて、大統領には広範な裁量

---

19 *Hawaii v. Trump, 859 F.3d 741 (2017).*
20 Donald J. Trump, Presidential Proclamation Enhancing Vetting Capabilities and Processes for Detecting Attempted Entry Into the United States by Terrorists or Other Public-Safety Threats (Sep., 24, 2017), available at 〈https://www.whitehouse.gov/presidential-actions/presidential-proclamation-enhancing-vetting-capabilities-processes-detecting-attempted-entry-united-states-terrorists-public-safety-threats/〉.

権が与えられている。この規定上、米国の利益を害するという事実認定を前提にしてすべての種類の外国人の入国を停止する権限が大統領に認められる。

この文言を通じて、司法府は、外交問題と国家安全保障の分野で大統領の判断を最大限尊重する。本条文は、国家利益についての大統領の事実認定について規定しているにすぎない。本条文は、司法審査が可能になる程度まで、事実認定について大統領に対して詳細な説明義務を課していない。1182(f)条に照らして、1981年レーガン大統領命令（布告）、1996年クリントン大統領命令（布告）よりも本件の大統領命令のほうが説得力を有している。

一時停止（suspension）の文言に大統領命令が抵触しているという主張は受け入れられない。大統領命令は、特定の終了日を明示していないのが通常であり、特定の問題や状況に対する一時的なものである。大統領命令は、移民と国籍法に違反しない。

ソトマイヨール反対意見がコレマツ判決[22]に言及したため、法廷意見はコレマツ判決と本件は無関係であると述べ、彼女の反対意見を強硬に否定した。法廷意見によれば、本法は、文面上中立である。そして、米国市民を、人種を根拠にして強制収容所に送ることは客観的にみて違法であり、大統領の権限の範囲外にある。コレマツ判決と本件を比較することは完全に不適切（inapt）である、とした。法廷意見によれば、コレマツ判決は合衆国最高裁の誤った判断であり、歴史上すでに破棄されており、現在の憲法上どこにも存在しないと断定した。本判決は、大統領の外交権限、国家安全保障を根拠に大統領の判断を司法府が尊重する根拠を十分に示している、という。

ケネディ同意意見は、政府の行為に宗教上の敵意（animus）が存在するかは司法審査に服するが、その判断は下級裁に委ねられる、とした。司法審査に服さない数々の事案が存在しても、決して憲法を無視することはできない、と述べた。彼によれば、司法府の厳格審査に服さない公務員の行為こそが憲法の趣旨と前提に服さなければならない。

21　8 U.S.C. 1182(f).
22　*Korematsu v. United States*, 323 U. S. 214 (1944).

トーマス同意意見は、地裁には全国的な一時差止権限を出す権限が認められないとした。その根拠は、地裁が全国的な一時差止権限を出す権限を認める法律がない。憲法上の裁判所の本質的権限はエクィティの伝統的ルールで制限され、起草期には全国的な一時差止権限は想定されていなかった。米国の連邦裁判所は、個々の事案にのみ判決を下すはずである。一般的に、米国のエクィティ裁判所は個々の当事者を越えて救済を与えない、とした。

そして、移民と国籍法1182(f)条が大統領の権限を制約する司法上執行可能な限界を規定しておらず、先例も外国人を除外するという大統領の権限を支持している、とした。彼は、Town of Greece v. Galloway 判決[23]を引いて、合理的なオブザーバーが宗教的かどうかを評価し、国教樹立禁止条項はあらゆる義務を免除していない、とした。本法は、そもそも国内でなく外国にいる外国人を対象にしており、外国人に対する差別を援用することはできない。イスラム教信者に対する差別についての申立人の証拠は不十分である、という。

ブレイヤー反対意見にケーガンが同調した。ブレイヤーは大統領命令が、実際にはイスラム教の禁止や安全上の措置かどうかに注目した。1979年カーター大統領命令（1980年改訂）と1986年レーガン大統領命令（布告）との類似性を検討した。ブレイヤーの分析では、本件の大統領命令には実際に適用する場面で、免除に関する国務省や国土安全保障省の明確な指針が存在していない。法廷助言書が示している資料やデータについて、司法府にはこれらを審査する権限がないため、まず政府にこれらの数字を争う機会を与えるために地裁に差し戻すべきだ、とした。そして、その間に、一時差止めは効力を継続させるべきだ、と結論づけた。

ソトマイヨールの反対意見にギンズバーグが同調した。法廷意見は宗教上の中立性という基本的原理を遵守していないと批判した。そして合理的なオブザーバーであれば、イスラム教に対する敵意を認定するだろうとした。裁判所は、起草者の精神分析に深入りしないように慎重にならなければならない。政府の主張する文言は、特定の宗教を他の宗教よりも優遇しており、歴

---

[23] *Town of Greece v. Galloway, 134 S. Ct. 1811 (2014).*

史的に、憎悪、無礼、そして、対立する心情に対する軽蔑の念を醸成する。2015年の大統領選挙でトランプ大統領は、ルーズベルト大統領の日系米国人の強制収容所を例に挙げてなぞらえていた。その公約を実行に移そうとした。そして、大統領命令に布告後、ツイッター上で、ジョン・パーシングがイスラム教信者を虐殺した事案を例にして、イスラム教に対する従前の言明を破る（disavow）つもりはない、としていた。

彼女は Masterpiece Cakeshop, Ltd v. Colorado Civil Rights Comm'n[24]を引いて、多数意見の合理性の基準があまりに緩やかに過ぎると批判した。彼女によれば国教樹立禁止条項に従い、高められた基準で審査するべきである。しかし、大統領命令は合理性の審査であっても正当な政府の利益との関係を認めることができないため無効である。

仮に安全保障の主張を受け入れたとしても、宗教上のゲリマンダリングである。すでに連邦議会は国籍と移民法を通じて、安全保障を実質化し、ビザの仕組みを整えていた。これと比べれば、大統領命令の国家安全保障の根拠の妥当性は疑わしい。申立人は、一時差止めがない場合の回復不能な損害を立証しており、エクィティ上、政府の国家安全保障の懸念は不明瞭であり、申立人の主張が優越する。国家安全保障は最優先の公的問題であるが、罪を隠すための護符（talisman）にはならない。

4　トランプ政権の温暖化政策の動向とその効果

トランプ政権の温暖化政策の動向とその効果について検討しておく。トランプ政権は気候変動の根拠となる科学的証拠に疑いを投げかけていた。トランプは選挙公約で石炭業界の保護を訴えていた。オバマ政権は、気候変動が熱波や干ばつを引き起こしている、と考えてきた。トランプ政権は EPA 長官にオクラハマ州の司法長官だったスコット・プルーイットを指名し、連邦議会上院はこれを承認した。その後、プルーイットは汚職の疑惑のなかで辞

24　*Masterpiece Cakeshop, Ltd. v. Colo. Civil Rights Comm'n*, 138 S. Ct. 1719 (2018).

職した。しかし、その後任は、トランプ政権の政策路線を引き継ぐだろう。

トランプ政権は気候変動を幻想と位置づけ、気候変動に関する連邦政府の政策を大幅に変更した。トランプ大統領は、自分の大統領命令がアメリカのエネルギーの新時代を開くと評価している。オバマ政権下で、火力発電所のGHGを削減するために導入した政策を撤廃するために2017年3月28日に出された大統領命令（Promoting Energy Independence and Economic Growth: エネルギーの自立と経済成長の促進）は、オバマ政権のクリーンパワープランを撤回しようとするものである。トランプは、オバマ政権が化石燃料を敵視した戦略をとっており、クリーンパワープランの撤回で、石炭業界の雇用が復活するはずだと述べている。

オバマ政権のクリーンパワープランは、既存の発電所の炭素排出の削減を狙ったものである。連邦議会の意思決定が停滞したためオバマ政権は、大気浄化法の改正でなく行政規則で対応しようとしてきた。オバマ政権は大気浄化法111(d)条に注目し、EPAは州に対して発電所の二酸化炭素排出削減の措置を講じるように命じた。各州は、削減計画を作成する。もし削減計画を実施できない場合はEPAが作成する。

本計画は、石炭発電所の従来型の汚染物質（conventional pollution）を大幅に減少させようとしていた。2030年までにCO_2の排出量を2005年基準に32パーセント削減しようとしている。これはパリ協定の目標達成に合わせて設定された。

2017年10月にプルーイットは、EPAに対してクリーンパワープランを撤回する行政規則の制定を命じている。

2018年トランプ大統領命令13771号は既存の行政規則を廃止して新たな行政規則を行政機関に制定させようとするものである。トランプ政権の政策に一致するようにEPAは新たな規則制定を進めなければならなくなる。

新たな行政規則が告知コメントを踏み、クリーンパワープランが再考されると、化石燃料規制が緩和される方向に向かうことが予想される。プルーイットは、オバマ政権下の化石燃料を用いた火力発電所規制が、大気浄化法上、EPAに認められた権限を逸脱している、と考えていた。プルーイットは、新たな行政規則で、石炭産業の発展を促し、国民の負担している電気料金も低

下すると指摘している。

　また、このクリーンパワープランでは、州が削減計画を策定する際に、業界の遂行基準に合わせて、既存の施設に対して、十分に立証された「最善の排出削減のための最善のシステム（Best System of continuous Emission Reduction: BSER）」を評価していた[25]。既存の化石燃料発電所の施設の一群（ユニット）に対する「最善の排出削減のための最善のシステム（BSER）」を定義するにあたり、クリーンパワープランは次の三つの構成要素を示した。第一に、石炭燃焼発電の効率性を向上させる、第二に、実行可能であれば石炭発電を天然ガス発電に代替する、第三に、再生可能エネルギーの利用を増加させる。東部、西部、テキサスの三つの送電網は互いに連結されているので、EPA は三つの送電網にそれぞれの構成要素を適用して、どの排出削減が全国的に現実に達成可能か、を決定する。最終的に、EPA は、州の発電源の構成に応じて、それぞれの州に構成要素を適用する。州は二酸化炭素の排出制限を設定して排出目標を達成する。

　このクリーンパワープランは州の電力網のなかのすべての発電所をひとつのまとまりとして考え、フェンスラインを越えて EPA は規制権限を行使する（beyond the fence line）と考える。

　これに対して、トランプ政権は、ひとつの発電所のフェンスライン内（物理的・地理的管轄・法的管轄：inside the fence line）に存在する特定の排出源の技術や運用の方向の変更を命令する規則を制定する義務を EPA が負っている、と考えた。換言すれば、個々の発電所が発電効率性を向上させて自分で削減目標を達成せよ、と考えている。

　さらにトランプ政権は、炭素の社会的費用の評価を見直し、省庁にまたがる評価組織を解体した。ただしこれは気候変動の影響が費用便益分析の見地から無視できないということは少なくとも認めているように思われる。個々の行政庁が評価を行うことを要求し、それが費用便益分析を実施する政府の総合的な指針に沿うように求めている。

---

[25] Robert Glicksman, *The Fate of the Clean Power Plan and U.S. Greenhouse Gas Emissions in the Trump Era*, 11 Carbon & Climate L. Rev. 292（2017）（クリーンパワープランの経緯について詳細）.

これに合わせて、気候変動に関する環境影響評価（EIS）に関する指針をトランプ政権は撤回した。ただし、トランプ政権は、気候変動そのものを無視せよとは行政庁に命じていない。気候変動の存在と規制それ自体については2007年マサチューセッツ判決が規律している。この環境影響評価については第九連邦巡回区控訴裁判所が気候変動に対して環境影響評価を実施せよ、と判示している。トランプ政権は、2007年マサチューセッツ判決と同様に裁判所との対立を恐れているように思われる。2007年マサチューセッツ判決は、GHGが大気浄化法上の「大気汚染物質」である、と示し、もし人間の健康や福祉を脅かす（endanger）ならばEPAは、それらを規制しなければならない、と判断している。GHGに関するEPAの規制権限を認め、これらの汚染物質を規制するかどうかの決定は科学的証拠に基づいている、と判断して、差し戻した。2007年マサチューセッツ判決はEPAに連邦の温暖化対策の方針を確立させる道筋をつけたことになる。

　トランプ政権は、この科学的証拠を崩そうとしているが、現在のところ失敗している。プルーイットは、EPAの専門家の意見が反映されないように、自分の統括する機関内の専門的な意見を軽視して、専門知識を有する委員の数や予算を削減している。

　最後に、パリ協定について大統領命令はなにも述べていない。国際的な規制と国内的な規制が異なる、と考えていたW・ブッシュ政権に回帰するのか、は明らかではない。少なくともパリ協定の公約を果たすことは不可能になる。気候変動は国境を越えた問題であるというEPAの主張を退けた2007年マサチューセッツ判決を破棄することをトランプ大統領が求めているという評価も可能ではある。どこまで合衆国最高裁の判断まで踏み込むのかは、今後の政策の展開とその検討が必要となろう

　次に、大統領令を評価する。もともとオバマ政権が意図していたGHGの減少の取組みのうち運輸部門、家庭の電化製品に対する規制は変わっていない。トランプ政権の大統領令は主として石炭業界を念頭に置いており、オバマ政権の気候変動対策のすべてを自身の政策とすべてを置き換えようとまではしていないように思われる。これらの動きは司法府でどのように争われるだろうか。

第一に、大統領令に伴い、今後数年、規則制定に関する訴訟が続くことが予想される。ただし、今のところ大統領令は EPA に対して行政規則の透明性を求めている。GHG が気候変動に悪影響を及ぼすという EPA そして2007年マサチューセッツ判決の事実認定は大統領令では揺るがないだろう。トランプ政権内部では、この事実認定そのものを崩すべきだというスティーブ・バノンの意見は採用されなかった。大統領命令を裁判所が審理する際、2007年マサチューセッツ判決が防波堤になるだろう。

　第二に、トランプ大統領命令は炭素の社会的費用に関する費用便益分析を行政機関に対して排除せよとも命じていない。少なくとも国内の影響だけは緩やかな割合でも制限せよ、と命じているようにも理解できる。そしてオバマ政権での1トン当たり36ドルのような具体的な数値を示していない。省庁横断型の評価ではないので、各省庁の分析にばらつきが発生することになる。たとえ評価が低くても、各省庁が自分の判断で気候変動を考慮に入れ、炭素の社会的費用を算定することは十分可能である。ただし、大統領命令が指示する2003年の OMB Circular A-4では、国際的な評価よりも国内的な評価を好んでいる。そうすれば、GHG の制限を支持するためにはたらく費用便益分析は、5ドル以下になることになり、規制を正当化するのが困難になる可能性がある。この点について、トランプの大統領命令は具体性に欠けているため、OIRA が統一的な評価をすることはなお可能であるかもしれない。

　また、費用便益分析の妥当性が争われることになる。その妥当性は恣意的で専断的であると判断されないため、トランプ政権は、オバマ時代の省庁横断的な評価手法に比べて、個々の行政機関の評価のほうが優れている、と主張していくことになる。ただし、トランプ政権で大統領に助言できる経済専門家はきわめて少ない。

　トランプ大統領の希望どおりに、将来の世代、そして、物価上昇率を考慮したうえで石炭に関する行政規則が変更されたとしても、石炭業界はすでに他のエネルギーと比べて競争力を失っているかもしれない。あるいは、トランプ政権は、石炭業界に雇用をもたらすと期待しているが、大統領命令がかえって石炭業界を不振に導く可能性もある。

　オバマ政権は気候変動に政府が関わることで、経済成長や雇用が促される

という姿勢をとっていた。もっとも、オバマ政権第1期の、いわゆるグリーンニューディール政策の評価は必ずしも芳しくはない。シェールガスの採掘が進み、石炭は天然ガスに移行してきた。オバマからトランプ政権までの間に各業界は、オバマ政権に合わせて、経営を変化させてきた。業界を保護しようとするトランプの姿勢が、かえって業界の経営陣に煙たがれる可能性もあるかもしれない。

　第三に、オバマケアの撤回と同様に気候変動をめぐって連邦議会下院は分断されている。パリ協定以外に、ハイドロフルカーボン規制などを対象にした国際的枠組みが存在している。ホワイトハウス内部でも、規制撤廃者以外に、既存の国際交渉の過程には米国は残っておくべきだという意見も存在している。OMB Circular A-4は各省庁の評価にバラツキを認めることを認めているため、国内と国際的に二つの基準を評価することはなお可能である。

　第四に、トランプの大統領命令は、連邦主義の争点とも関連する。トランプ政権は、環境保護の任務を連邦政府から州に移行させようとしている。いわゆる連邦主義の争点が浮上することになる。大気浄化法上では連邦政府が、全国大気質基準を設定して、州が実施計画を作成している。また、連邦政府は大気汚染について各業界に応じた汚染基準を設定している。連邦政府が大枠を示し、州が詳細を決定して監督してきている。州は各地方の事情を反映したきめ細やかな規制を実施することができる。大気汚染を含めた環境規制は、州を基準にした規制が連邦レベルの環境規制を促してきている。とはいえ、連邦政府の仕事をすべて州に投げかけることは大気浄化法の枠組みを崩すことになる。

　各州に規制を委ねて規制の大枠を連邦政府に委ねた趣旨はスピルオーバー効果を防ぐためである。ある州が厳格な規制をしいても他州の汚染が州際を越えて届けば規制の実効性は失われる。EMEホーマー判決で示されたように、このスピルオーバー効果が連邦と州の境界を決めてきた。大気汚染の発生源となる自動車や燃料基準に対する規制が、州の規制を越えてしまうことになる。規制の技術的問題を乗り越えていくには州には財政上の限界がある。また、規制対象となる各産業も既存の枠組みに合わせてきたため、その突然の方向転換は、かえって混乱と損害を生じさせることになる。

5 法制定の負担と圧力団体

　気候変動対策に関する連邦議会議員の動機は必ずしも高くはない。その理由は、州際を超えた地球的な問題については、選挙区の有権者の支持を得ても見返りが伴わないこともあるからである。国外の事象に目を向けても必ずしも再選を約束しないかもしれない。あるいはなお再選だけでなく、将来世代のために働く立法府を期待できるかもしれない。

　また、2009年エンタージ判決で冷却水取込構造の費用便益分析でみたように、行政機関の専門性は非常に高度なものになり、議会制定法の改正に伴う議員の負担が大きくなってきている。立法に関する議員の専門性が必要な分野となってきている。

　また、議員の支持母体である圧力団体の存在が議会制定を妨げる。その逆も考えられる。

　組織化された圧力団体は新たな立法を作成する運動をする際、手持ちの人員、資源を利用することが可能である。従来の既存の発電所を支えてきた石油団体は既存の人的、物的組織を利用して、あるいは、再生可能エネルギーといった新規産業が議会での政治の作法を覚えて、議員や行政機関に圧力をかけることもありえる。圧力団体とは独立して、また選挙区からの見返りを考えないで、代表者が行動する場合もある。議会の意図を裁判所が推測する際、これらの事象をどこまで推測の要素に入れるかという厄介な問題が存在している。当然、裁判所は法文言の解釈だけが仕事であり、法文言以外の要素は解釈になんら作用していないということも可能であろう。

　テクスチャリストは議会制定法を熟議の結晶と理解する立場とも親和している。しかし、刑罰法規のように必ずしも議会制定法を利益団体の妥協の産物とは評価できない場合もある。これらの考え方は必ずしも首尾一貫した説明を提供できないが、評価の参考にすることはできる。

　行政機関の規則制定権は連邦議会から授権される。この規則制定について行政機関内部の熟議が外部の圧力によって影響を受けることがある。大統領命令や連邦議会のような公あるいは私的な利益団体が圧力をかけたために、

特定の利益団体が利益を得る、あるいは負担をこうむるように行政規則が制定されてしまう場合もありうる。市民や利益団体の圧力が功を奏しなかった場合、行政手続法553(e)条により市民は行政規則の制定、修正、廃止を申請することができる。なんらかの行政規則を制定する目的ないし利益がなんら立証されない場合、規則制定の申立てがあったことをもって行政機関が行政規則を制定、修正することは考えにくい。行政手続法555(e)条は、1997年アウア判決が示すように行政機関に対してこれらの申請に迅速に応答するよう義務づけている。もし規則制定の申請を行政機関が受け入れない場合、裁判所で争うことができる。行政規則を制定しなかったことが不合理であることを主張する機会が用意されている[26]。

　ひとつの政策の実現に複数の行政機関が存在する場合、異なる政策にはそれぞれ複数の行政機関が存在する場合もあり、これらをシェブロン法理の運用を通じて統一した解釈手法を示すことには限界が存在する。重要な社会、経済的な影響を判断する際にシェブロン法理の適用を否定あるいは控えておくというのがロバーツやスカリアの意見であった。電力、移民、社会保障や大気汚染のように、事案によっては、連邦主義などの要因がはたらく場合もある[27]。

　オコネルやファーバーによれば、シェブロン法理の解釈手法を整理することに加えて、多種多様な行政機関をいかに連邦議会または大統領の統制の下に置くか、という分析が補充的に必要になってくるだろう。シェブロン判決で、司法府が行政機関の法解釈を尊重する根拠のひとつは、行政機関の長の任命権や連邦議会の統制を通じて行政機関を民主的な統制を図ることができることであった。

26　5 U.S.C. 702 and 706.
27　Miriam Seifter, *Federalism at Step Zero*, 83 Fordham L. Rev. 633 (2014)（シェブロン0では連邦主義の要素ははたらかないという分析もありえる。連邦主義の要素は多様であり、シェブロンだけで統一的な理解を図ることは難しいからである。ただし、ステップ2で、恣意的、不合理な審査基準でははたらく余地はあるのかもしれない）．

6　ケネディの退官とカバノー

　2018年にケネディが退官を表明し、ブルット・カバノー（Brett Michael Kavanaugh）が7月にトランプ政権に指名された。彼が今後、上院の承認を受けるかどうかは、現在の段階では明らかではない。彼は、行政機関が法律の枠内にあるかどうかを厳密に審査して、行政機関の権限を狭く解釈しようとする。彼の解釈手法は、連邦議会が改正を施してこなかった古い法律を行政機関が実用的に用いて新しい問題に取り組もうとすることを阻止する働きがある。

　彼が勤めた過去12年間のコロンビア特別地区での判断を見れば、彼の解釈手法をおよそ予想することができる[28]。EME ホーマー判決の原審のコロンビア特別地区判決[29]のカバノー執筆意見は、運搬規則について妥当性を疑っていた。2012年の当時、カバノー執筆の法廷意見は、運搬規則が大気浄化法に矛盾すると判断している。その根拠は、風上の州に対して必要以上の負担を課していること、風上の州に義務付けられる削減量について正確な算定を行っていないこと、そして、過度な規制に及ばないように EPA が確保していないことを挙げている。

　また、2013年コロンビア特別地区判決[30]では、EPA は、蒸気発生ユニット（steam generating unit）に用いる新規発生源の性能基準（performance standard）を改訂した点が争われた。ガーランド執筆の法廷意見は、次の2点を判断した。第一に、テキサス州や事業者が最終規則のコメントの間に異議申立てしてなかったため、パブリックコメント内の申立てだけを審理し、最終規則は効力を有する、とした。第二に、特定微細粉塵0.03 lb/MMBtu 以上を発生するボ

28　本節の分析は以下を参照。Farber, What Kind of Conservative is Kavanaugh?（9, July, 2018）〈https://legal-planet.org/2018/07/09/what-kind-of-conservative-is-kavenaugh/〉, Farber, The Chevron Doctrine: Is It Fading? Could That Help Restrain Trump?（9, July, 2018）〈http://legal-planet.org/2018/07/02/straws-in-the-wind-warning-signs-for-chevron/〉.
29　*EME Homer City Generation, L. P. v. EPA, 696 F.3d 7 (2012).*
30　*Util. Air Regulatory Group v. EPA, 744 F.3d 741 (2013).*

イラーを規制下におく EPA の行政規則は合理的であり、恣意的で専断的とはいえない。その根拠は、本行政規則がボイラーからの排出が不透明度（opacity limit）の上限内にあり、持続的な不透明監視システムや目視による遂行検査を用いて、汚染統制を適切に実施しているためである。

　カバノー同意意見は、管轄（Jurisdiction）の意義について検討し、いつ最終規則になったかどうかを判断するにあたり、合衆国最高裁の先例をどのように扱うべきか、について簡単に分析している。

　また、ミシガン判決の原審であるコロンビア特別地区裁判所[31]は2014年に大気浄化法の「適切で、必要」の解釈にあたって、EPA の法解釈は合理的である、とした。カバノーは一部同意一部反対意見を執筆している。カバノーによれば、「必要」の文言だけで EPA は何を基準にして決定すればよいのか、明らかではない。決定に際して規制にかかる費用と便益を評価しなければならない。その決定にあたって費用を排除しようとする EPA を支持した法廷意見は誤っている。そして、行政手続法の利益の範囲の判断については、合衆国最高裁の判断と矛盾することになるけれども法廷意見の結論を支持する、とした。彼は、これらの矛盾が将来において解決されるだろう、と述べている。

　大統領の下にある行政各部については、彼はどのように考えるだろうか。カバノーは、スカリアの権力分立の一元的執政府（unitary executive）を支持している。大統領の一元的な支配を強調するこの立場では、行政機関の権限を小さく理解しようとする。大統領の統制という面では独立している連邦エネルギー規制委員会（Federal Energy Regulatory Commission: FERC）が一元的執政府の考え方に左右される可能性がある。他方、EPA は大統領と議会が任免権を有している。

　また、スカリア同様に、カバノーは、議会制定法の特定の規定の文言に明確な意味を越えた解釈を認めない。連邦議会が何ら法制定や改正をしなかった代償は、司法府ではなく連邦議会が負うべき義務だと考える傾向があろう。EPA の絡んだ訴訟において、カバノーは環境保護の立場をとっていない

---

[31]　*White Stallion Energy Ctr., LLC v. EPA*, 748 F.3d 1222 (2014).

傾向がある。議会制定法の認めた権限の範囲内の正当な解釈範囲であれば、カバノーは、行政機関の法解釈を支持するだろう。

第4、5章で扱った判決で検討した費用便益分析についてはどうだろうか。カバノーは費用便益分析それ自体は概して支持している。ただし、費用の評価が甘ければ、行政規則は否定されるだろう。

また、2016年のハーバード・ロー・レヴューの書評で、カバノーはシェブロン法理を次のように批判している。第一に、行政機関の法解釈を尊重する義務を裁判官に負わせている。第二に、合憲性回避と同様に法解釈権限を回避する法理であり、そもそも裁判所は、議会の指示を行政機関が満足しているかどうかを精密に審査しなければならない。第三に、シェブロン法理の行政手続法の根拠が弱い。民主的に責任を負わない官僚制に対して議会が立法権を授権することは慎まなければならない。基本的方針について議会と大統領こそが責任を負うべきである。

彼は、シェブロン法理は文言に依存しない創造物（atextual invention）で、議会から執政権に権限を都合よく移行する。また、シェブロン法理にはその適用の時点次第で結論が変わりうると指摘している[32]

シェブロン法理は、第4章で検討したように、連邦主義の争点が絡む場合がある。もっとも連邦主義の争点については、彼がコロンビア特別地区で判断を下していた経緯をみれば、連邦、州の権限のどちらを擁護するかどうかは、明らかではない。また、先例との関係について、カバノーは自分自身の先例や合衆国最高裁の判決に従う傾向がある。

以上の予想は、想像の域を越えない。合衆国最高裁に入ってからその解釈手法を変える裁判官も存在するからである。

7　合衆国最高裁の裁判官の法解釈理論と学説

保守、リベラル双方の裁判官の個人の意見をただ辿るだけでは、解釈の一

---

[32] Brett M. Kavanaugh, *Fixing Statutory Interpretation*, 129 Harv. L. Rev. 2118, 2152（2016）.

貫性を保つことは難しくなっている。2001年 ATA 判決の位置づけについてのスカリアの2014年 UARG 判決中の書き間違いなどで表出した。いまだ成長中のロバーツ裁判所の将来を予測することは難しい[33]。ロバーツ・コートのシェブロン判決を引用した判決のいくつかを分類して検討したが、判決だけでは満足できる説明が難しい。それはシェブロン判決に加えていくつかの解釈手法を用いていたからである。

法文言に対して忠実であろうというシェブロン判決に対する評価は、一見すると裁判官の解釈手法を限定して、客観化するための取組みともいえるし、レーンキスト・コート時代はその手法はテクスチャリストから高く評価された。しかし、レーンキスト・コート時代に、法文言の忠実な解釈という口実で保守的な判断を正当化するために用いられるという評価も存在した。たしかにシェブロン判決執筆のスティーブンズはスカリアほどにシェブロン判決を支持していない[34]。

シェブロン判決以降に合衆国最高裁に入ったブレイヤーとスカリアは、立法制度を一種の法的擬制として理解しようとする点で共通している。

スカリアは、単純明快な解釈法理を望み、下級裁の負担を軽減させようとする。単純で明快であるため統一的な基準が導かれるという。しかし、言い換えれば、スカリアの解釈法理は下級裁判所の裁判官の判断を拘束する機能を果たしてきた。スカリアは、規則制定手続を問わず、行政機関の判断を裁判所が尊重するべきだと考える。

ブレイヤーは、法の解釈権限を裁判所が行政機関に丸投げすることに懐疑的である。ブレイヤーは、個別具体的な事案に応じて判断するため、スカリアほどに単純明快とはいえない。この違いがシェブロン法理に対する理解の違いを生むことになる。

明文だけでなく、黙示の権限の委任にシェブロン法理は立脚していた。分

---

[33] Beermann, *Chevron at the Roberts Court: Still Failing After All These Years*, 83 Fordham L. Rev. 731, 750 (2014)（シェブロン判決は初期に捨て去るべき判決であった。ロバーツ・コートのシェブロン判決の矛盾した適用は、下級裁判所に解釈基準を提供するという合衆国最高裁の任務に違反している）.

[34] Merrill, *Justice Stevens and the Chevron Puzzle*, 106 Nw. U. L. Rev. 551, 558 (2012).

別を備えた立法者は、どのように法文言を解釈することを期待しただろうか、という視点から司法府は検討する。

その専門性が行政組織内の問題だけにとどまれば（実際には規則制定の過程でOIRAの関与がありえるが）、行政の専門性を司法府は尊重すべきかもしれない。しかし、行政機関と独立した司法の判断が求められる場合もある。個別具体的に議会の意図を裁判所は推測する。科学技術のようなきわめて特別な専門技術性が要求される場合、行政機関のほうが正確に回答することができるかもしれない。通常の行政運営であれば、行政の判断は尊重される。しかし、たとえば少なくとも気候変動の問題はもはや科学の最先端の問題ではないだろう。

他方、法解釈の問題であれば行政機関よりも裁判所の判断のほうが優れている。シェブロン法理が独り歩きした結果、裁判所は行政機関に法解釈を丸投げしてしまい、最善の解釈を司法府が発見しても行政機関の法解釈を尊重しなければならなくなった。法解釈権限と行政機関に委任する際の連邦議会の「意図」は一種の法的擬制である。

行政規則の法解釈を司法府が判断する場合、規則制定手続にも裁判所は注目している。

メリル、オコネル、ファーバー[35]はシェブロン法理に懐疑的で、その射程を限定する2001年ミード判決を好意的に評価している。サンスティンは、シェブロン判決が「法を発見する」というマーベリー判決と矛盾するものだとして、シェブロン法理を限定する2001年ミード判決に対して批判的である。サンスティンによれば、司法府の任務は議会の代理人あるいは使用人として、立法者の判断を確認して適用することである。

さらにサンスティンは2018年の論文で、シェブロン判決は現代行政法の基礎であり、破棄されるべきではないと主張している。たしかにシェブロン判決は法解釈権限を委譲する正当性がカバノーから批判されている。司法府が「最善の解釈」すら放棄しなければならないという点では、カバノーの意見は妥当かもしれない。議会の指示（instruction）が明確な基準となり、さらに行

---

[35] *Lost World*, at 1172.

政手続法が指針となりうるのであれば、シェブロン法理は破棄されるべきかもしれない。ただし、それは APA の1940年代、1950年代の背景、シェブロン判決の1980年代の背景を無視することになるし、議会の指示は基準として作動しえない可能性のほうが高い。万が一、シェブロン判決が破棄された場合、下級裁判所に政治的混乱をもたらす。むしろ彼は、解釈法理、委任禁止と行政部門の権限を検討しなければならないと主張する[36]。

ファーバーとオコネルは、司法府が行政機関の法解釈を判断する際に、行政機関が連邦議会の監督の下にあることを指摘する点ではサンスティンと共通する。

行政機関は告知とコメント手続を踏まないで規則を制定する場合、シェブロンではなく2001年ミードあるいは1944年スキッドモア判決を援用する。対審型・告知とコメントの規則制定手続を踏まないことで迅速性を確保し、時間と手間の資源を省くことができる。告知とコメント手続を省略するだけの十分な理由（good cause）があれば、告知とコメント手続なく、拘束力をもった行政規則を制定することが条文上は可能である。

2001年ミード判決は行政機関が恣意的に行政規則を都合よく行使するというリスクを司法府が十分に審査する機会を提供している。それでも2001年ミード判決によれば、規則制定手続さえ遵守していれば、尊重の程度は高まる結果、裁判所が法文言の最善な解釈を発見していても、行政機関の判断の前に裁判所が譲歩する可能性は生まれる[37]。

レーンキスト・コート時代のブレイヤーの指摘が、ロバーツ・コートでトーマスが懸念することになるのは皮肉である。

メリルやレッシグによれば、レーンキスト・コート時代にシェブロン判決は行政機関に対する尊重を必要以上に強調させる根拠となった。行政機関が当初の解釈を変更した場合ですら、そして、行政機関の解釈を最善の解釈でない、または忠実な法解釈ではないと裁判所が疑う場合ですら、行政機関の

---

[36] Sunstein, *Chevron As Law*（August 3, 2018）. Available at SSRN〈https://ssrn.com/abstract=3225880〉.

[37] Merrill, *Justice Stevens and the Chevron Puzzle*, 106 Nw. U. L. Rev. 551, 553-554 (2012)（スティーブンズは司法府の判断を通じて、行政機関が法解釈を再考するきっかけになるようシェブロン判決に期待していたのではないか、と指摘する）.

判断を尊重する傾向を生んだ。

オコネル、ファーバー、サンスティンとレッシグの指摘は、シェブロン法理を警戒し、司法府の法解釈の権限の簒奪を強調していた。彼らの懸念はロバーツ・コートでトーマスが再訪することになる。

8　ミシガン判決と学説の分析（ファーバー、サンスティン、カールソン）

エスクリッジやサンスティンによれば、クリントン政権と比べてブッシュ親子2代の政権の行政機関の決定を、保守派とされる裁判官は支持してきた。リベラル派と呼ばれる裁判官は反対してきた[38]。

サンスティンは大気浄化法における費用便益分析について、全国大気質基準は少なくとも名目上は費用に言及していないが、他の段階において費用は重要な役割を担っている、と考える。この点で2001年 ATA 判決のスカリア法廷意見と対立する。サンスティンによれば、大気浄化法の関連する規定が曖昧であっても、シェブロンのステップ2に従い、合理的であると評価される。なぜなら、評価は複数の段階を踏み、後ろの段階で費用が評価されているからである[39]。

他方、スカリアは手間のかかる費用便益分析についてきわめて慎重な立場をとってきた。2015年ミシガン判決スカリア法廷意見は費用の評価を強調し、2001年と同じ大気浄化法の下でありながら費用便益分析を利用しようとした。

サンスティンは、大気浄化法は費用便益分析における費用評価の比重、その程度についてなんら述べていないという[40]。オバマ政権で OIRA に携わっ

---

[38] William Eskridge, Jr. & Lauren Baer, *The Continuum of Deference: Supreme Court Treatment of Agency Statutory Interpretations from Chevron to Hamdan*, 96 Geo. L. J. 1083, 1098（2008）. Thomas Miles & Cass Sunstein, *Do Judges Make Regulatory Policy? An Empirical Investigation of Chevron*, 73 U. Chi. L. Rev. 823, 870（2006）.

[39] Sunstein, *Cost-Benefit Default Principles*, 99 Mich. L. Rev. 1651, 1695-1696（2001）.

[40] Sunstein, *Changing Climate Change*, 2009-2016, Available at 〈https://papers.ssrn.com/sol3/papers.cfm?abstract_id =2927812〉（危険性認定、炭素の社会的費用について検討）.

たサンスティンが費用便益分析の効能を高く評価するのはもっともなことである。

ファーバーによれば、2015年ミシガン判決では、第一に、費用評価の時期が問題になっている[41]。「適切」という言葉はそれ自体に幅がある概念であり、「適切」と関連する他の要素に法廷意見は依拠している。費用便益分析を貫徹すれば、健康や環境上の便益数ドルに比して、何十億ドルの経済的損失を課すことが合理的であるとはいえないだろう。

ミシガン判決スカリア法廷意見は、規制における費用を要素のひとつと評価する一般的な慣習に依拠しているにすぎない、と理解しておくのが無難だという。関連研究を EPA が実施し、大気浄化法の文言が支持していると理解すれば足りる。

しかし、スカリアの立場では、2001年 ATA 判決によれば、「費用」を文言上、規定していない場合に、EPA に費用を要素のひとつとして規制するよう命じることはそもそもできなかったはずである。2001年 ATA 判決で否定しておきながら、2015年ミシガン判決で、同じ法律の文言で行政機関が費用を評価するという推定の根拠がはっきりしない。

第二に、費用の中身が問題になる。規制遵守のための費用と法廷意見は述べているが、いかなる不利益も費用に分類されるおそれがある。

第三に、法廷意見は差戻し、事案の解決を行政機関に委ねているといえる。コベネフィット（co-benefit）を法律が明文で除外していないかぎり、コベネフィットを評価するように求めている。コベネフィットとは、規制技術の対象となる汚染物質だけに限らない汚染物質の減少に伴う便益である。2015年ミシガン判決法廷意見は費用を広く定義しておいて、便益を狭く限定しているが、その根拠ははっきりしない。行政上の慣習と費用便益分析の指針で、コベネフィットの評価が長らく要請されてきた。便益が費用をはるかに上回る行政規則を否定することは合理的であるとはいえない。「適切な」の文言は、

---

41 Farber, *Interpreting Michigan v. EPA*（June 29, 2017）. Available at〈http://legal-planet.org/2015/06/29/interpreting-michigan-v-epa/〉. 次の4点を考察する（どの段階で EPA は費用を評価するか。費用と評価されるものはなにか。費用として重要とされるものはなにか。コベネフィットは評価されるか。水銀規則は排除されるか）。

非常に幅があり、政策的に重要であればすべての要素が評価要素に含められることになる。

　第四に、水銀規則を除外した理由がはっきりしない。多岐にわたるコベネフィットを評価すれば、相対的に、遵守に伴う費用は低下することになる。2015年ミシガン判決のスカリア法廷意見の述べる便益のうち、コベネフィットについて明確な姿勢を示していない。

　水銀物質を統制すればPMや他の物質も減少させて、健康や環境上の便益をもたらすだろう。スカリア法廷意見は正式の費用便益分析を行政機関に求めていない[42]。

　さらに、ファーバーによれば、2015年ミシガン判決は行政機関の法律解釈と司法裁判所の法律解釈を混在したまま議論しているという。2007年マサチューセッツ判決のスカリア反対意見は、行政機関がGHGを規制すべきでない理由を示して、裁判所は、自らの選好を責任ある行政機関の判断と置き換えてはならないと述べていたはずである。そもそも、行政機関の決定に一定の基準がすでに示されているのであれば、基準に明示されていない費用の評価は、通常「除外」されているはずである。他の要素が指定されている場合は、その要素こそが評価され、費用評価は否定される方向に向かおう。もし法律の文言が曖昧な場合（または、曖昧だと認定された場合）、決定機関には、一定の権限が委ねられている。もし法律の示す政策に矛盾が存在する場合、決定機関がその矛盾を解消する裁量を有している。

　対立する当事者に救済を与えるという裁判所と、規則を制定する行政機関は、おのずと求められる役割が異なっている。裁判所は、コモンローの伝統と判例に基づき、一時差止め、損害賠償などの救済を与える。他方、連邦議会は、事業者や市民の行為を規制する行政規則を制定する行政機関の権限を授権する。

42　Ann Carlson, MATS Rules Declared Invalid in Michigan v. EPA, 5–4（June 29, 2017）. Available at 〈http://legal-planet.org/2015/06/29/mats-rules-declared-invalid-in-michigan-v-epa-5-4/〉. カールソンは、ミシガン判決は「必要かつ合理的な」の文言の解釈という独特の問題であり、気候変動と関連性が薄い。火力発電所からのGHGをEPAが規制できるか、とは無関係であると位置づけている。

法律のなかに矛盾が存在している場合、スキャラバ判決ケーガン法廷意見によれば、法律のなかに簡単に、互いに整合なく説明できない点が存在している。ひとつの法に存在する内的な緊張は、他の合理的な解釈を探り、それぞれの異なる箇所を対応させることで解決することもできる。この解釈作業を通じて裁判所は行政機関の法解釈を尊重する根拠を得て、シェブロン法理が発動する。

　他方で、法律のなかに矛盾が存在していると判断された場合、スキャラバ判決のロバーツ、アリトー、スカリアの立場では、シェブロンによる尊重を発動させなかった。

　スティーブン・ソロモン[43]は、シェブロン法理の射程範囲の限界に注目している。そもそもシェブロン法理をわざわざ用いることなく行政機関の法解釈を違法無効と判断することは可能であり、また、法律の解釈ではなく行政規則の解釈が問題となった1945年セミノール判決[44]にも注目する。セミノール判決では行政機関の行政規則の解釈法理が問題となった。セミノール判決では、行政機関の行政規則の解釈に誤りや矛盾が存在しなければ、司法裁判所はこれを尊重する。行政規則ないし法の解釈を尊重するための理由づけは、なにもシェブロン判決にとどまらない点を指摘している。

　エスクリッジはシェブロン法理に対して悲観的である[45]。彼は、シェブロン判決は「判決」としてよりも都合のよい結論を導く道具としての側面が強い点を指摘している。シェブロン法理が文脈に大きく左右される点を指摘している。彼は、行政機関の法解釈が、裁判官個人の政治的選考に影響していることでサンスティンと問題意識を共有している。もっとも、サンスティン

---

[43] Steven Solomon, *Should Agencies Decide Law? Doctrine May Be Tested at Gorsuch Hearing*, The New York Times, on 14, March, 2017, Available at 〈https://www.nytimes.com/2017/03/14/business/dealbook/neil-gorsuch-chevron-deference.html?_r =0〉（統治機構に第四の部門を創設しているのではないか、という批判、ゴーサッチと他の保守派とされる裁判官の解釈手法との違いなどを考察している）。

[44] *Seminole Rock, at 414 (1945).*

[45] Eskridge, *Chevron as a Canon, Not a Precedent: An Empirical Study of What Motivates Justices in Agency Deference Cases*, 110 Colum. L. Rev. 1727（2010）（裁判官がいつ、どのような場面で尊重を発動しているか。その首尾一貫性を法理論上導くことは難しい）。

と異なり、エスクリッジは、シェブロン法理が適用されるかどうかという争点に絞って分析している。彼らの判例のデータ分析によれば、シェブロン法理を適用するかどうかは、偶発性にも大きく左右されているという。2007年マサチューセッツ判決以前からシェブロン法理の予測可能性が低いことを示している。彼によればシェブロン判決の予測可能性の低さはレーンキスト時代にすでに示されていたことになる。

9　スコット・プルーイットの透明性の提案

2018年4月にスコット・プルーイットは、EPAに対して大気や水質を保護する行政規則制定に必要な科学的データのすべてを提出するように義務づけた。彼は、すべてのデータを公開して行政規則の透明性を確保させると述べている[46]。

彼の意見をどのように評価すべきだろうか。

科学的なデータで専門性を担保しようとする点に異論は存在しないだろう。しかし、この提案では、一定の場合に、科学的証拠が薄弱であると判断された場合、EPAは健康に対する影響を無視することができるようになる。EPAが規則制定にあたって透明性が不十分な研究であるという口実で、政策判断を専門性に優先させることが懸念される。

環境汚染では健康に対する被害が発生し、汚染はさまざまな形態で現れ、複数の法律にまたがってきた。環境法の分野では、環境リスクを加味して、深刻な健康被害が発生する前の段階であっても予防的アプローチがとられてきた。古典的な比例原則は環境リスクを加味して修正されている。健康に関するデータが被験者との間の守秘義務などを理由に利用できない場合は、プルーイットの立場ではデータを無視しても差し支えないということになる。

---

[46] The New York Times, *E.P.A. Announces a New Rule. One Likely Effect: Less Science in Policymaking*（24, April, 2018）. Available at〈https://www.nytimes.com/2018/04/24/climate/epa-science-transparency-pruitt.html〉（リチャードラザラスによれば、プルーイットの提案は裁判所に地雷を敷いた）.

彼の提案は大気浄化法の二つの規定を根拠としている。ひとつは、大気浄化法103条「大気汚染の予防と統制のための綱要の研究と展開」で、一定の権限が認められるEPAの活動の一覧を示している。ただし、プルーイットの提案に反して、本規定は、規則制定手続において関連するすべての情報を除外するよう義務づけていない。

もうひとつの規定が301(a)条である。本規定は、本章の権限を執行するために必要な規則を制定できるEPAの権限を規定している。

これら二つの規定だけをみれば、プルーイットの提案は支持できるように思われる。しかし、そもそも大気浄化法には規則制定において一定のデータを排除する点についての明文規定は存在しない。103条と301(a)条を根拠にしておきながら、プルーイットの提案は307(d)条「行政手続と司法審査」と、そのサブセクション(d)「規則制定」を意図的に引用していない。本規定はデータの公開について直接言及している。また、プルーイットは、信頼できる証拠を規則制定手続に利用することを制限するための判例や行政機関の決定を示していない。

さらに、109条は大気の質基準を規律するものであり、公衆の健康に広範に影響を及ぼす大気汚染物質に利用されている。2001年ATA判決で検討したように、109条は基準設定にあたって、「安全性に十分な余裕をも」たせることをEPAに認めている。さらに108条は、大気の質の基準に公衆の健康や福祉に影響を及ぼすあらゆる種類や程度を示すことのできる最新の科学的知識を正確に反映することを義務づけている。本規定はEPAにあらゆる科学的情報を検討するように義務づけている、といえる。

さらに、ファーバーによれば、すでに2002年American Trucking Associations, Inc. v. EPA, 283 F.3d 355, 372（D.C. Cir. 2002). がプルーイットの提案をすでに否定している。本件で、コロンビア特別地区裁判所は、すべての研究の根拠となるデータを要求することは、実用的でなく必要とされない、と断じている。すべての膨大な生のデータを独立して分析することなく研究を進めることができないのであれば、EPAは、公衆の健康と環境を程するための基準を設定するための科学的情報を利用できないことになるからである。

また、Coalition of Battery Recyclers Ass'n v. EPA, 604 F.3d 613, 623（D.C. Cir.

2010）.は、研究参加者との守秘義務や科学研究者が研究を進める利益を根拠にして生のデータが一般に利用できない点を認めている。プルーイットは守秘義務に基づく機密データを根拠にして研究成果を排除する点について大気浄化法の規定をいずれも根拠にしていない。

ファーバーやカールソン[47]によれば、プルーイットは、大気浄化法108条や109条を意図的に示しておらず、彼の透明性の提案は、被規制者である事業者の利益を優先して、EPAの本来の権限と義務を無視している、という[48]。

オバマ政権下では、2025年までに自動車製造業界に対して新車、SUV、軽トラックの平均燃費を2倍にするように求めていた。トランプ政権の提案は、カリフォルニア州の自動車規制権限と矛盾することになる。カリフォルニア州の大気汚染の規制は、連邦政府の規制の例外としてはたらいてきた。プルーイットの提案は、燃費と排気管についてのカリフォルニア州の厳格な基準を空洞化しようとしている。

2018年7月プルーイットが汚職を理由にEPAを辞任した。プルーイットの後任に、Andrew Wheelerが暫定的に勤めている。彼は、石炭・化学業界のロビイストとしての経験がある。石炭業界に有利な規制改革を主導し、気候変動に懐疑的なオクラホマのJim Inhofe上院議員を助けてきた。トランプ政権が後任を新たに埋めるか、Wheelerを就けるかは明らかではない。トランプ政権は、おそらくはプルーイットがWheelerに代わっても、その方針を変えることはないだろうと思われる。

10　わが国への示唆
行政機関の規制の実際と司法府の立ち位置

本著ではいわゆるシェブロン法理が裁判官の解釈のいくつかの道具から構

47　The Time, *Scott Pruitt's Rollback of Emissions Standards Is a Big Deal. Here's Why the Rollout Fell Flat*（5, April, 2018）．Available at 〈http://time.com/5228979/why-scott-pruitt-rollback-of-emissions-standards-fell-flat/〉．

48　Farber, *The Questionable Legal Basis of the "Transparency" Proposal*（30, April, 2018）．Available at 〈http://legal-planet.org/2018/04/30/the-questionable-legal-basis-of-the-transparency-proposal/〉．

成されている、と述べてきた。民主性や専門性の言葉に振り回されず、その中身を明らかにすること、また、行政機関の規制手段の実効性には限界が存在する点に注目すべきだと指摘した。わが国の解釈法学にどのような意義を有しているか。以下の分析は、それぞれが独立しているのではなく、有機的に結びつく。

第一に、わが国のいわゆる目的手段審査はシェブロン法理からも検討できるかもしれない。わが国の目的手段審査の考察において、目的の認定をきわめて甘く、手段審査に注目してしまってきたのかもしれない。目的審査において、法の文言、立法経緯、議会資料をどのように法廷で持ち出して、裁判官を説得するのか、という点について、また規制手段の実効性について、必ずしも十分に意識したかたちで議論されてこなかった、という評価もできるかもしれない。

司法府はなぜ規制手段の「効果」に直接、言及しないのか。行政機関が法律の目的を達成する義務を負っているからである。あるいは言葉を換えれば、わが国の司法審査で規制手段の実効性があるかどうか、という審査は、より制限的でない他の選びうる手段を用いる際に、実際には検討されてきたのかもしれない。

規制目的を十分に達成する効果をもち、さらに、制限的でない他の方法が存在するのであれば、規制者はそれを採用すればよい。しかし、法律による行政の原理に縛られ、規制者が信じる最も実効的な目的達成手段を利用できないことがある。手持ちの手段が不十分な場合は法律の不備となり、行政規則で対応しようとする。規制者は、泣く泣く手持ちの手段で効果を上げようとしているのかもしれない。たとえば、2001年ATA判決は、大気浄化法109条が費用便益分析を明文で規定していないのだから、費用便益分析は否定されるとし、手段の不十分性を指摘した。行政規則で法の不十分性を補えば、UARG判決のように法の書き換えの誹りを受けることもある。

司法審査における文面審査で、問題となる条文と行政規則について判断する際、はたして裁判所が条文にない他の規制手法を編み出して行政機関に提案することにならないか、という躊躇いがあるかもしれない。たとえば、この例が費用便益分析である。費用便益分析が法律で義務づけられていれば、

司法審査で裁判官は法の文言解釈で費用便益分析を利用するかどうかを悩まなくて済む。連邦法に規定されてあるから費用便益分析をするのだ、書いていない場合はしなくてよいと述べるのはきわめて簡単なことである。

　裁判官は判決のなかで、他の目的達成手段の存在にわざわざ触れる必要はないかもしれない。明文にはない他の達成手段に触れることは、場合によっては司法府の政策形成の誇りを受けるかもしれない。キング判決は、州と連邦という明らかな連邦議会のミスを司法府が埋めようとした事案とも位置づけられる。また、ミシガン判決では、行政機関の採用する規制手段では負担が重すぎると認定した。もちろん司法府は条文の不備を指摘することは可能である。キング判決が法の不備を意識していた点では、わが国における児童扶養手当資格喪失処分取消請求事件判決（最一小判平成14年1月31日民集56巻1号246頁）と共通しているかもしれない。

　2007年マサチューセッツ判決では、大気汚染物質の定義が問題になっていた。その際、不明確性を指摘すればよく、わざわざ判決のなかで代替案を示して立法者を補助してあげる義務は負わない。法制定の義務は負わないが、余計なお世話にも手助けして規制目的を達成できる文言を判決の理由づけのなかで示すこともあるかもしれない。

　他方、規制者も、法律による行政の原理から少なくとも市民の権利義務を確定する行政には必ず法律の根拠が必要である。そして、行政府は、規制の執行にあたり人、財政、時間の制約に縛られる。裁判官は、行政の抱える人、財政、時間を意識して規制の不十分さを意識していても、判決のなかでそれを示す必要はないかもしれない。ミシガン判決のように規制手段の費用負担の考察は行政機関がしっかりやっているよ、と評価してあげることも、あるいは行政機関は費用負担を評価していないと断じることもある。もし人、財政、時間の制約を指摘すれば裁判官の政策判断だ、と誇りを受けるかもしれない。スカリア法廷意見は、UARGで多大な費用負担には立法者の判断が必要だと述べていた。

　適用審査の場合、条文の文言の合憲性には触れないまま、合憲性を前提にして当該事案への適用が妥当か、を審査する。その際、裁判官は、規制者の意図を探り、または目的を達成するための他に有効な手段を探すことにな

る。やはりその場合でも司法府は、当事者の主張や提出する証拠の判断に縛られるため、目的を達成できる十分に効果的な他の手段があっても判決で指摘することを躊躇うだろう。ためらわずに一歩進める場合は、手元にある問題となっている法律の目的をひとつに認定して（法律の目的は、ひとつは限らず、厳密に認定すると、一見すると経済成長と環境保護のように矛盾する目的が存在することもある）、関連する他の条文を通じてATA判決109条のように制限的でない他の選びうる手段を抜き出すか、あるいは、ワイルドライフ判決のように同じ目的をもっている他の法律に言及するかもしれない。ロバーツは、脚注で控えめに法廷助言書を引いて指摘していた。また、トーマスは、行政機関の判断尊重が司法府の解釈権限を簒奪すると嘆いていた。

　たとえ規制手段の実効性が不十分だな、という心証を抱いても司法府は、あえてその心証形成の過程と不十分な部分を判決文中で指摘することがないかもしれない。関連する法律の規制手段にまで判決文中で触れるかどうかは、裁判官の法律文言の解釈裁量に委ねられている。

　第二に、効果という言葉を用いる場合、効果の主体には、規制者の意図した効果、あるいは、権利制約の程度という意味の効果がありえる。司法府は、司法審査で効果に言及することがある。たとえば、わが国で検討される信教の自由に関する目的効果基準と比較して検討してみる。目的効果基準を用いる際、審査対象は規制だけに限られない。効果という以上、権利制限の程度や制約の効果を審理してきた。目的効果基準を用いる場合、目的手段審査と異なり、裁判官は必ず規制手段だけでなく効果まで判決で言及しなければならない義務を負う。効果の有無の認定で、裁判官のなかで意見が分かれた場合には、理由づけが示される。

　いずれにしろ効果と言及する以上は、意図された効果が達成されたか、を裁判官は認定する。司法府は、立法者または規制者が意図した効果を実現しているかどうかを審理する。意図した効果が、人権を侵害しているかどうかを判決で説明しなければならない。

　第三に、裁判官は個別具体的事案において、文言以外の目的を認定することは、テクスチャリストの立場では難しいだろう。他方、文言に強く縛られない立場では立法趣旨、経緯または関連する法律などから広く目的を導くこ

とは可能である。法律の規定の最初に規定される一般的な目的規定を深く読むことができる。法律の文言に結晶化した一般的な目的規定は概して抽象的である。目的認定の作業において、少なくとも裁判官は立法者の目的をどこまで深く読み込むか、の義務を負っている。しかし、必ずしも判決のなかで、その思考の一端を判決の説得性を示しても、そのすべてを披露する必要はない。法律の目的規定の解釈の深度をどこまで深めるか、が解釈における目的認定の作業といえる。

最後に、司法府の行政機関の判断の尊重の根拠となる専門性は、現場での法執行のまさに効果の限界を経験した行政官に対する敬意である。つまり、行政機関の規制の人、財政、時間、そして手持ちの法の不十分さという制約が行政機関の規制の限界のひとつである[49]。

11 わが国への示唆
専門性という口実と判決という呪縛

専門性を口実にして、裁判所は行政機関の判断を尊重しようとする。「尊重」の程度は、法廷の場では、裁判官を説得することである。どのように裁判官を説得するか、は言い換えれば、裁判官が判決を執筆するためにどれだけ便利な道具を採用するのか、という問題といえるかもしれない。たとえば、人格権を振りかざした差止めよりは、リスク評価の手法を具体的に提示したうえで、判決のなかでその手法が有意義なことを示してもらうように主張するほうが訴訟当事者は戦略的に考えるかもしれない。そして、ミシガン判決でも示されたように、リスクや費用便益評価についての具体的手法を、公正中立な立場にある裁判所が自ら進んで採用、または提示することはできない。審理する裁判所は、示された評価手法のいずれを選択して、支持する

---

[49] Biber, *The Importance of Resource Allocation in Administrative Law*, 60 Admin. L. Rev. 1, 10-13, 26-27, 40-48（2008）（行政手続法706(1)条と706(2)条は、行政機関の作為と不作為の区別と司法審査について明確に述べていない。規制者と被規制者との非対称性と政治過程の機能不全に注目しなければならない。不作為の決定が、規制に必要な資源に限界があると主張すれば、裁判所は詳細に不作為の決定を審査できないことになる）。

のか、についての裁量を有している。ただし、その裁量は無制約ではなく、そのうちのひとつを選んだ場合、選んだ理由を法文言、あるいは目的、立法史で正当化できるように説明しなければならない。費用便益、リスク評価の手法は、一義的には立法府と執行府が負っている。したがって、裁判所は、法の不備だけ指摘して最初の作業から逃げだすことは可能である。

　他方で、司法府は、立法の政治闘争が裁判所に持ち込まれ、第二の政治闘争の場にならないことを望んでいるのかもしれない。UARG判決やキング判決が示すように、判決の引き起こす政治的論争を避けたいという動因がはたらいているのかもしれない。大規模な固定発生源についての大気汚染規制は、アメリカの社会経済を大きく変動させる点にスカリアは躊躇った。スカリアの法解釈のジレンマが示すように、裁判所の判断は個別具体的な判断に限定され、そこに統一性を測ろうとすることは常に難しいことかもしれない。とくに、気候変動のように、加速度的に人々の問題意識と知識が向上している分野では、統一性の難度もまた加速度的に高くなる。統一的な解釈が示されていない、あるいは整合性がとれていたと思われてきた解釈手法が、その権威を失ったときこそ、裁判官は柔軟な対応が求められ、そして依るべき先例の価値が失われている場合こそ、法廷で裁判官を説得しやすくなるのかもしれない。

　裁判所に対して、積み重なる先例の統一性に不備があることを示して、予測可能性、関連当事者の信頼、類似する事案との差異と平等原則違反を主張することは、裁判官を説得する手法のひとつかもしれない。他の事案にも利用可能な法理を提示することを嫌い、判決の射程をできるだけ絞ろうとする裁判官に対しては、この手法は役に立たないかもしれない。裁判官は、自ら積み重ねられてきた判決に首尾一貫性が欠けていることを自覚しているからである。そのような場合は、他国の判例を示して、日本法と並べて首尾一貫性を示す義務を意識させて、特定の解釈を迫ることができる。また、右往左往している判例のうち、価値がある判例を並べてあげて、矛盾する判例を削除して、並べた諸判例に首尾一貫性を保たれていることを示すこともできるかもしれない。

おわりに

　法文言は、日常の標準的な文言で規定される。立法過程はさまざまな要因で混乱し、文言が規定される。法廷では、対立する訴訟当事者が法的知識をもって議論を戦わせ、文言の意味が確定し、最終的には論理的な一貫性が保たれていく。

　キング判決、ATA判決、スキャラバ判決、マサチューセッツ判決、UARG判決、ミシガン判決、エンタージ判決を中心にして、シェブロン判決の解釈手法を区別して検討した。

　シェブロン法理の最近の事案の適用事例をみれば、シェブロン法理の解釈手法の統一性を貫徹しようとすると、かえって矛盾が生じることがロバーツ・コートで明らかになった。解釈手法をどの程度まで整理できるか、が大きな課題となっている。本稿で扱った判決のなかで表出した、さまざまな解釈手法が非常に参考になる。

　シェブロン法理の解釈手法は、2000年ミード判決で適用範囲を狭めてから、明快な解釈手法として裁判官の解釈裁量を限定し、事件の予測可能性を担保する役割をレーンキスト・コートでは担っていた。ロバーツ・コートになり、過去の判決を新たな事象で並べ替える作業が必要になった。30年前の判例にどこまでの射程を認めるのか、が問われている。たとえば、電力自由化、移民、社会保障や温暖化対策といった事案の種類によって異なる解釈手法をとることは当然、予想されることであり、シェブロン法理の解釈手法に厳密な統一性を図ることは難しいかもしれない。オバマケアに関する2015年キング判決はシェブロン法理の適用可能性を検討していたが、それ以前のオ

バマケア合憲判決では、州際通商や課税権限が主たる争点であった。

シェブロン法理の検討は、行政に認められている法文言の解釈裁量を裁判所が場合分けして整理する作業を通じて、専門的で技術的な問題だ、あるいは政策問題だ、という口実で逃げてしまう行政機関を捕まえる機能を有している。

それぞれの判決を現在の視点から並べてみると、法律の文言が明確であろうが曖昧であろうが、裁判官は自らの判断に従って行政機関の法解釈を尊重するか、否定するかを決めているのではなかろうか、という意見も考えられる。法解釈が個人の政治的選好の単なる反映にすぎないのであれば、法解釈を研究する目的は失われる。各裁判官の解釈手法に一貫性が欠けている場合があっても人間である裁判官に過去から未来にかけて解釈手法の完璧さを求めることはできない。

各裁判官個人を厳密にみることなく、判決の系譜を並べてみることは可能だろう。各裁判官の解釈ではなく法廷意見まで抽象化することは、予測可能性を一定程度、損なうために、必ずしも精密な解釈手法とはいえないという意見もあるかもしれない。

合衆国最高裁のテクスチャリストに対して批判的な立場を採用したとしても、法解釈の手法を整理整頓して、司法府が法を解釈し、宣言する権限について考察する価値がある。その当時の司法府にとってみれば、将来、同一軸上に立つ可能性が必ずしも視野に入っていなかったことを責めることはできない。裁判所は眼前の紛争に注視するからである。

シェブロン法理の射程をむやみに限定する必要はないが、その解釈法理に固執する必要もない。なぜなら、シェブロン法理の2段階審査以外に、「行政機関の解釈を裁判所が尊重する点」を正当化する判例は、シェブロン判決前後に存在していたからである。

2001年ミード判決でなく、シェブロン法理をロバーツ・コートが採用したのは、ステップ0を含めた3段階の解釈手法が説得力をもつと当時の最高裁が考えたからであろう。判決は、その時々の判決の系譜のなかで忘れられてしまう判決も存在する。ロバーツ・コートはシェブロン判決を選び出した。シェブロン判決を採用した理由は、おそらくシェブロン法理こそが法文言の

解釈の道筋を示している、と期待した表れであろう。しかし、シェブロン判決に対するスカリアの過剰な期待をロバーツ・コートは裏切った。

シェブロン法理だけで、法解釈の一般的な道筋を示すことはできない。シェブロン判決30年後に多くの研究成果が示された。おそらくは解釈手法の切れ味の良さをシェブロン法理は期待されていたのかもしれない。シェブロン法理は、たしかに解釈手法の手順のひとつという点では有用であるが、解釈法理の一貫性を導き出せるに有用な先例とまではいいがたい。テクスチャリストはシェブロン判決が逸脱していると疑問を呈していた。

30年前のシェブロン判決を懐かしんで期待することには慎重にあるべきである。その利用次第では、一見すると説得力をもっているが、実際には、裁判官の解釈裁量を無制限に認めることになるためである。シェブロン判決を採用した判決のなかでも、シェブロンの段階基準以外に別の、一般法理としての解釈法理が存在している。

ロバーツ・コートがシェブロン判決を採用して、原告適格で却下しないで本案審理に入った点は、テクスチャリストが抱えていたシェブロン判決に対する過剰な期待を示しているのかもしれない。

2015年キング判決でみたように、法文言が曖昧であったとしても必ずしもシェブロン法理を作動させない0段階が隠れていた。シェブロン法理の限界を測ることは重要な課題である。シェブロン法理は法解釈の法理の一端を担う程度にとどめ、一定の距離をもってつきあっていったほうがよいだろう。

＊本研究の一部は、JSPS 科研費「トランプ政権下の気候変動対策とカリフォルニア州の動向」（18K01238）の助成を受けたものです。

◎業績一覧

- [報告] 「気候変動に対するシェブロン判決の行方」2017年度環境法政策学会報告紀要10頁（2017年）
- [報告] 「シェブロン法理の展開について」比較法学会（2016年）
- [報告] 「気候変動と憲法：行政機関の統制についての憲法学的考察」日本法政学会第122回法政学会（2016年）
- [論文] 「シェブロン法理の展開について」比較法研究78号、279-281頁（2016年）
- [論文] 「気候変動と憲法——行政機関の統制についての憲法学的考察」法政論叢52巻1号、253-280頁（2016年）
- [論文] 「アメリカ連邦最高裁の最近の判決における連邦主義について——アメリカ環境法の事例分析」環境法研究34号、146-168頁（2009年）
- [論文] *Climate Change Law and Policy in Japan - What Japan do?*, Comparative Law Journal, pp. 51-95（2009）
- [翻訳] ダニエル・ファーバー（阿部満監修・辻雄一郎訳）「規制、トランプ政権、シェブロン法理」明治学院大学法学研究105号（2018年、予定）
- [翻訳] 同上「アメリカ制定法解釈の傾向：シェブロン法理、テクスチャリズム、合衆国最高裁」筑波法政68号、1-16頁（2016年）
- [翻訳] 同上「出現しつつある合衆国気候変動法」明治学院大学法学研究87号、127-145頁（2009年）
- [翻訳] 同上「地球温暖化とアメリカ合衆国——米国は動くのか？」明治学院大学法科大学院ローレビュー8号、97-103頁（2008年）
- [翻訳] 同上「アメリカ環境法におけるカリフォルニア州のリーダーシップ」明治学院大学法科大学院ローレビュー8号、89-96頁（2008年）
- [翻訳] 同上「地球の温暖化と被害者補償の問題」岡山大学法学会雑誌57巻4号、720-708頁（2008年）

＊本著は、上記の論文を加筆修正し、再構成したものである。

◎参考文献

アメリカ最高裁研究会・苫瀬雅仁「判例研究：発電所からの大気汚染物質に係る大気清浄法の行政解釈と費用考慮の必要性 - Michigan v. EPA, 135 S. Ct. 2699 (2015).」比較法学50巻3号、123-132頁（2017年）

今本啓介「アメリカ合衆国における行政機関による制定法解釈と司法審査——法規命令・行政規則二分論の再検討をめざして(1)・(2)・(3)」商學討究59巻4号、99-129頁（2009年）・60巻2-3号、131-160頁（2009年）・61巻1号、159-181頁（2010年）

宇賀克也『アメリカ行政法〔第2版〕』（弘文堂、2000年）

牛嶋仁「合衆国における行政聴聞—その法理と実態—」大学院研究年報（法学研究科篇）21号1-12頁（1992年）

駒村圭吾「アメリカ合衆国における『立法権委任法理』の展開（一）——合衆国最高裁判例の動向と法理の実態が意味するもの」法學研究67巻3号、25-66頁（1994年）

佐伯祐二「アメリカ行政法における裁量基準・解釈基準」同志社法学67巻2号、952-921頁（2015年）

筑紫圭一「アメリカ合衆国における行政解釈に対する敬譲型司法審査（下・完）」上智法学論集48巻2号、284-256頁（2005年）

藤倉皓一郎「薬物を体内へ取り込む用具としてタバコを規制する権限——Food and Drug Administration v. Brown & Williams Tobacco Corp., 120 S. Ct. 1291 (2000)」ジュリスト1183号、195-193頁（2000年）

正木宏長「ニュー・リーガルリアリズムとアメリカ行政法」立命館法學2012巻1号、48-101頁（2012年）

米谷壽代「判例研究：地球温暖化ガス規制と大気清浄化法の下でのEPAの権限 - Utility Air Regulatory Group v. EPA, 134 S. Ct. 2427 (2014).」第171回アメリカ法判例研究会（2014年）

＊以上は、本著執筆にあたって参照した代表的な先行研究である。
　なお、本著校正段階で触れたものとして、以下。

海道俊明「行政機関による制定法解釈とChevron法理(1)」神戸法学雑誌66巻3・4号、65-118頁（2017年）

森田崇雄「『重要問題』に係る行政機関の制定法解釈とChevron敬譲」関西大学法学論集67巻3号、603-606頁（2017年）

＊本著脚注のURLは、2018年8月にアクセスしたものである。

謝辞

　この研究は、曽和俊文先生の行政法の研究会に参加している際に研究のきっかけをいただいたように思う。そのころはまだ大統領はクリントンだったように思う。その後、カリフォルニア大学バークレー校に進学し、博士課程の在学中に履修していた科目のなかで再びシェブロン法理を学ぶことになった。博士課程を修了してすぐに合衆国最高裁が2007年マサチューセッツ判決を判断し、交告尚史先生を Daniel A. Farber 先生が訪問して、シェブロン法理に関する意見交換を傍で拝聴する機会を得ることができた。
　大塚直先生主催の国際会議で、ファーバー先生、ソウル大学の Cho hong Sik 先生、台湾大学の Jiunn-rong Yeh らの議論を聴講し、世界の研究水準の高さに触れることになった。また、バークレー在学中に知り合った中富公一先生の主催でファーバー先生の「地球温暖化と裁判」の講演に同行して、大きな刺激を受けることになった。
　留学中にお世話になった阿部満先生と信澤久美子先生のご指導を受けながら、ファーバー先生を定期的に日本に招聘してきた。この国際会議を通じて北村喜宣先生、そして、牛嶋仁先生に多大なるご指導、ご助言を得る機会を得たことは研究を進めるうえで、得がたい財産となった。
　2016年には比較法学会にて、2017年には環境法政策学会にて報告する機会を得た。この間に、宮川成雄先生主催のアメリカ法判例研究会で静岡大学の米谷壽代先生とは UARG 判決について、環境省の苫瀬雅仁さんともミシガン判決について意見を交換し、貴重なご意見をいただいた。この間、トランプ政権の大統領令など大きな動きがあったが、2018年3月に、集大成とし

ての会議を開催することができた。

　上記の先生方のみならず、前任校の友人たち、そして筑波大学の同僚、職員の方々の教育研究上の支援のほか、公私ともにご支援とご助言をいただいた先生方、友人たちに厚く御礼申し上げる。すべての先生方の名前を挙げられない非礼の段を深くお詫び申し上げたい。

　この著書の刊行にあたって、本来、予定していた時期を大幅に過ぎてしまったにもかかわらずご快諾いただいた高橋耕さんに厚く御礼申し上げたい。

　最後に、家族の支えがなければ、この著書を完成することはなかった。父母と妻、子どもたちに、この場を借りてありがとうと伝えたい。

　　2018年　東京

辻　雄一郎

[著者略歴]

辻 雄一郎（つじ・ゆういちろう）

筑波大学人文社会系准教授（法学専攻、国際地域専攻）
法学博士（Doctor of the Science of Jurisprudence）
2012 UC Berkeley School of Law, Advanced Degree Program

シェブロン法理の考察

2018年9月20日　第1版第1刷発行

著　者　辻　雄一郎
発行者　串崎　浩
発行所　株式会社　日本評論社
　　　　〒170-8474 東京都豊島区南大塚3-12-4
　　　　電話 03-3987-8621　　FAX 03-3987-8590
　　　　振替 00100-3-16　　https://www.nippyo.co.jp/
印刷所　精文堂印刷
製本所　松岳社
装　幀　レフ・デザイン工房
検印省略　© TSUJI Yuichiro 2018
ISBN978-4-535-52360-9　　Printed in Japan

JCOPY 〈(社)出版者著作権管理機構 委託出版物〉

本書の無断複写は著作権法上での例外を除き禁じられています。複写される場合は、そのつど事前に、(社)出版者著作権管理機構（電話03-3513-6969、FAX 03-3513-6979、e-mail: info@jcopy.or.jp）の許諾を得てください。また、本書を代行業者等の第三者に依頼してスキャニング等の行為によりデジタル化することは、個人の家庭内の利用であっても、一切認められておりません。